簿記の基礎テキスト

村田直樹・沼　惠一　［編著］
竹中　徹・麻場勇佑

創 成 社

はしがき

　本書は，複式簿記の初歩的な知識および技法の習得を目的とした初学者を念頭に執筆されたものである。本書の執筆にあたっては，著者および編著者の先生方が，各章の内容や構成を十分研究・検討し，さらに編著者の校閲によって全体の統一・調整を図っている。

　複式簿記を習得する上で重要なことは，複式簿記の基本的な構造を理解し，問題を自ら計算・解答することによって「体得」していくことである。本書では，複式簿記に関して十分な理解が得られるように，数多くの例題を設け，知識の一方的な解説にならないよう配慮している。

　また，本書は日商簿記検定3級の範囲をすべて網羅するにとどまらず，2級（商業簿記）の範囲も一部取扱っている。本書の構成であれば，3級から2級への連続した学習が可能となるであろう。

　学習の便宜上，本書の構成を示せば以下のようになる。

　第1章と第2章では，複式簿記の基本概念および基本構造が解説されている。基本概念および基本構造を正確に理解しておくことは非常に重要である。第3章から第10章にかけては，取引の各論が解説されている。企業では，さまざまな取引が行われているが，その取引を的確に処理できるように数多くの例題に接してほしい。第11章では税金の会計処理が解説されている。第12章では伝票による会計処理について解説されている。第13章では決算について解説されている。複式簿記の主要目的である経営成績と財政状態の表示が，損益計算書と貸借対照表を通じて表現される過程は非常に重要である。

　第14章では株式会社会計について個人商店との違いが解説されている。第15章では特殊商品売買，第16章では本支店会計が取扱われている。第17章では，日商簿記検定2級相当の精算表の作成を，例題を用いて簡単に解説して

いる。

　また，本書は『簿記の基礎問題集』（創成社）に対応する内容となっており，双方を併用することによって，より確実な複式簿記の習得が可能となる。

　初学者でも容易に理解できるように執筆したが，理解が困難な点，記述が不明確な点があれば，執筆者の責任である。ご教示いただければ，機会をみて修正するつもりである。

　最後に，本書の刊行にあたり，格別のご配慮をいただいた株式会社創成社社長塚田尚寛氏，ならびに同社出版部西田徹氏に深甚の謝意を申し上げたい。両氏の寛大なご配慮および絶大なるご支援がなければ，本書を刊行することはできなかった。重ねてお礼申し上げる次第である。

2015 年 3 月 31 日

編著者一同

目　次

はしがき

第 1 章　複式簿記の基礎 ―――――――――――――― 1
　　1．簿記の意義 ………………………………………… 1
　　2．複式簿記 …………………………………………… 2
　　3．複式簿記の前提 …………………………………… 2
　　4．複式簿記の目的と要素 …………………………… 3
　　5．取引と勘定 ………………………………………… 6
　　6．仕訳と勘定 ………………………………………… 8

第 2 章　簿記一巡の手続 ―――――――――――――― 10
　　1．簿記一巡の手続の意義 …………………………… 10
　　2．期中手続 …………………………………………… 11
　　3．決算手続 …………………………………………… 15

第 3 章　現 金 預 金 ―――――――――――――――― 22
　　1．現　　金 …………………………………………… 22
　　2．預　　金 …………………………………………… 25
　　3．小口現金 …………………………………………… 30

第 4 章　商 品 売 買 ―――――――――――――――― 32
　　1．商品勘定の分割 …………………………………… 32
　　2．仕 入 帳 …………………………………………… 36
　　3．売 上 帳 …………………………………………… 37

4．商品有高帳 ……………………………………………… 39
　　　5．棚卸減耗損と商品評価損 ……………………………… 42

第5章　債権債務 ——————————————————— 44
　　　1．債権および債務 ………………………………………… 44
　　　2．主たる営業活動上の債権債務 ………………………… 45
　　　3．主たる営業活動以外の債権債務 ……………………… 50
　　　4．財務活動に関する債権債務 …………………………… 51
　　　5．従業員などとの関係 …………………………………… 53
　　　6．その他の活動 …………………………………………… 54
　　　7．債務の保証 ……………………………………………… 56

第6章　有価証券 ——————————————————— 58
　　　1．有価証券の種類と売買 ………………………………… 58
　　　2．有価証券の評価 ………………………………………… 60

第7章　手　　　形 ——————————————————— 63
　　　1．手形の種類 ……………………………………………… 63
　　　2．手形の処理 ……………………………………………… 64
　　　3．手形の裏書譲渡と割引 ………………………………… 68
　　　4．手形取引の記帳 ………………………………………… 71
　　　5．金融手形の処理 ………………………………………… 73
　　　6．手形の更改 ……………………………………………… 74

第8章　固定資産 ——————————————————— 76
　　　1．固定資産の分類 ………………………………………… 76
　　　2．減価償却 ………………………………………………… 78
　　　3．固定資産の売却 ………………………………………… 81

第9章 資本金 ——83
1. 資本金勘定 ……83
2. 資本金勘定の基本処理 ……83
3. 引 出 金 ……86

第10章 経過勘定 ——87
1. 費用・収益の繰延べと見越し ……87
2. 費用の繰延べ ……88
3. 収益の繰延べ ……90
4. 費用の見越し ……92
5. 収益の見越し ……93

第11章 税　　金 ——95
1. 個人企業の税金 ……95
2. 費用として処理できない税金 ……95
3. 費用として処理できる税金 ……97

第12章 伝票会計 ——99
1. 伝票会計 ……99
2. 一伝票制 ……99
3. 三伝票制 ……100
4. 五伝票制 ……103
5. 伝票の記帳 ……106

第13章 決　算　① ——108
1. 決算手続 ……108
2. 決算予備手続 ……109
3. 決算本手続 ……115
4. 財務諸表の作成 ……122

第14章 株式会社会計 ── 125
1. 株式会社の設立 ……………………………… 125
2. 新株式申込証拠金 …………………………… 126
3. 創 立 費 ……………………………………… 126
4. 開 業 費 ……………………………………… 127
5. 株式交付費 …………………………………… 127
6. 剰余金・繰越利益剰余金・会社の合併 …… 128
7. 社　　債 ……………………………………… 131

第15章 特殊商品売買 ── 135
1. 未着品取引 …………………………………… 135
2. 荷為替手形 …………………………………… 137
3. 委託販売 ……………………………………… 140
4. 委託買付 ……………………………………… 145
5. 割賦販売 ……………………………………… 149
6. 試用販売 ……………………………………… 152
7. 予約販売 ……………………………………… 155

第16章 本支店会計 ── 157
1. 本店集中会計制度と支店独立会計制度 …… 157
2. 企業内部の取引の会計処理 ………………… 157
3. 本支店会計における決算手続 ……………… 161
4. 本支店合併財務諸表の作成 ………………… 166

第17章 決　算　② ── 171
1. 株式会社決算における精算表の作成 ……… 171
2. 株主資本等変動計算書 ……………………… 176

索　引　177

第1章 複式簿記の基礎

1．簿記の意義

　簿記（book keeping）は，経済単位（企業，政府，公益法人，家計など）が行う経済活動（財貨やサービスの生産およびその供給や購入，金銭の収支や賃貸によって生じる利益や損失など）について，これを金額に換算して，継続的に帳簿に記録する計算技法である。しかし，経済単位の経済活動のすべてが簿記の記録の対象となるわけではなく，経済単位の財産の増減に関わるものを**簿記上の取引**（transaction）と呼び，これを記録の対象とする。簿記による継続的な帳簿記入によって，人間の記憶を補完し，さらに経済活動の物的証拠として，経営の基礎資料となる。また，外部から受け入れた財産を管理するものにとっては，自己の管理責任を明示するための資料となる。

　簿記は，日々の個別的な経済事象を記録し，計算して経済事象の全体的な状況および，その期間的成果を総括するものである。簿記の内容は，記帳記録そのものであるが，簿記は記録から総括の過程で，労働過程で意識された目的が達成されているかどうかを確認するための計算でもある。人間の労働は，目的を持っている。人間が労働過程に入る前に持った目的は，簿記の記録の途中や最終段階で確認されることになる。

　この確認は，その目的と結果を比較分析することによって行われるため，簿記は統制計算であるといえる。しかし，簿記が資本家や企業経営者のもとで展開されるときには，この統制計算から簿記は管理的機能を持つことになる。

2．複式簿記

　一般に，個人商店や企業などでは，**複式簿記**という簿記の形態が用いられている。複式簿記は，企業に投下された資本の全体としての価値が，資本の構成部分の価値の総和に等しいという理論（貸借一致の原則）を基礎として，資本およびその構成部分の転換過程を記録することによって，資本の運動を把握する技法である。この複式簿記は，簿記の記録・計算機構の違いから，**単式簿記**と対比される。単式簿記は，経済単位の取引を帳簿に発生順に記録していくもので，記帳方法が単純で，常識的ではあるが，各帳簿間に関連性がないため，期間損益の正確性や期末の財政状態が真実であるかの確認が不正確なものとなる可能性がある。これに対して複式簿記は，経済単位のすべての取引を組織的に記録し，決算を行うため，使用される帳簿が有機的に関連し，**自己検証能力**を持つ簿記である。

3．複式簿記の前提

　複式簿記は，いくつかの条件を前提として成り立っている。その第1は，**企業単位**の前提である。複式簿記は，個人商店であろうと株式会社であろうと，資本主や株主から独立した存在として，企業それ自体の経済的行為に関する記録・計算を行う。すなわち会計単位とは，独立した記録・計算を行う経済単位を意味し，簿記の記帳範囲を規定するものである。株式会社においては，会社全体，支店あるいは工場などのように，その範囲を限定して，記録・計算を行う。また，個人商店では，店主の事業と家計を分離して，記録・計算を行う必要がある。この前提は，複式簿記における記帳範囲を限定するもので，企業会計では企業実体の前提と呼ばれるものである。企業実体という概念は，経済的実体を意味するもので，法的実体とは一致しない場合がある。たとえば，本支店のように一つの法的実体が複数の企業実体から構成される場合や，企業集

団のように一つの企業実体が複数の法的実体から構成される場合もある。

　第2は，**貨幣測定**の前提である。貨幣経済を中心とする現代の経済においては，企業の経済活動を複式簿記によって記録・計算する場合，記帳の対象となるすべての経済事象を共通の計算尺度である貨幣量（円，ポンド，ドル，ユーロ，ウォンなど）で計上するという前提である。

　第3は，**会計期間**の前提である。複式簿記では，記帳範囲や表現方法の限定ばかりでなく，時間的な限定も要求される。株式会社の発達にともない，これが継続企業（企業会計では，企業の経済活動が永続するという仮定の上に成立している）として定着すると，株主に定期的に配当を支払う必要から，企業の経済活動を適当な期間に区切り，これまでの記録を整理し，一定期間の**経営成績**と一定時点の**財政状態**を把握する決算を行う。この期間を会計期間あるいは会計年度という。

4．複式簿記の目的と要素

　複式簿記の主要な目的には，（1）**備忘録および経営の基礎資料としての経済行為の歴史的記録**，（2）**一定時点の財政状態の把握**，（3）**一定期間の経営成績の把握**の3点がある。複式簿記は継続的で組織的な記録によって，人間の記憶を補完すると同時に，誤謬の修正に利用することによって，効率的な経営を行うための基礎資料となる。また，企業は，過去の経営成績や現在の財政状態を把握することによって，将来の経営方針決定の基礎資料として複式簿記は利用される。さらに，社会的な制度によって利害関係者に対して企業の現在の状態を報告しなければならない場合には，その基礎資料となる。

　企業の財政状態や経営成績を把握するため，複式簿記では，企業の経済活動の継続的な記録を行うにあたって，企業における取引を以下の5の要素に分類して，金額に換算し記録，計算，整理を行う。

(1) 資　産

　資産とは，企業に投下された資金の具体的な運用形態の総称である。具体的には企業の所有する財貨や権利などである。

　　資産項目を例示すれば，

　　　流動資産：現金，当座預金，受取手形，売掛金，有価証券，商品，前払費用など

　　　固定資産：建物，機械，車輌運搬具，備品，土地，営業権，商標権，投資有価証券，長期貸付金など

　　　繰延資産：創立費，開業費，社債発行費など

(2) 負　債

　負債とは，一定時点において，特定の会計単位が債権者に対して，後日，財貨や役務を提供する義務のことで，他人資本，債権者持分と呼ばれることもある。

　　負債項目を例示すれば，

　　　流動負債：支払手形，買掛金，借入金，未払費用など

　　　固定負債：社債，長期借入金など

(3) 純資産（資本）

　企業の総資産から総負債を差し引いた正味財産のことで，企業活動の元手となるものである。

　　純資産（資本）項目を例示すれば，

　　　資本金，資本剰余金，利益剰余金，自己株式など

(4) 収　益

　財貨や用役の受入れによって，企業の財産を増加させる原因となる事象をいう。

収益項目を例示すれば，
　売上，受取利息，仕入割引，固定資産売却益，雑益など

(5) 費　用
収益を獲得するために費消した経済的価値犠牲のことである。

費用項目を例示すれば，
　仕入，広告宣伝費，発送費，給料，減価償却費，支払利息，租税公課，有価証券売却損，雑費など

　このような複式簿記の要素のうち，資産，負債，純資産を記録・計算・整理することによって，複式簿記の目的の一つである，一定時点の財政状態を明らかにすることができる。このように期末の資産，負債，純資産の残高を一覧にして財政状態を示した表を**貸借対照表**という。

貸借対照表

資　産	負　債
	純資産

　また，企業の一定期間の収益と費用を比較・計算することによって，複式簿記の一つの目的である，一定期間の経営成績を表示することができる。この一定期間の収益と費用を比較・計算し，整理した計算書を**損益計算書**という。

損益計算書

費　用	収　益

5．取引と勘定

　上述したように，複式簿記では，企業の資産，負債，純資産，収益，費用の各要素に増減変化をもたらす事象を取引と呼ぶ。これを**簿記上の取引**といい，一般的な取引とは区別される。簿記上の取引は各要素の増減変化をもたらす原因は問われず，たとえば，盗難や災害による現金や商品の減少は一般的な取引ではないが，結果的に資産の減少をもたらすことになるので，簿記上の取引に含まれる。また，土地や機械の賃貸借契約は一般的な意味では取引であるが，契約それ自体は各要素の増減をもたらすものではないので，簿記上の取引ではない。契約が履行され，費用等が発生した場合に簿記上の取引となる。

　複式簿記では簿記上の取引となるものは，すべて記録することになる。記録に際して，各取引の要素を細かく分類して名称を付け，勘定口座を設けて記録を行う。**勘定**とは，複式簿記における計算・記録を行うための固有の単位で，細かく分類された勘定に付けられた名称を勘定科目という。たとえば，資産の項目である当座預金について，以下のようなT字型勘定の口座を設けて当座預金勘定を記録する。

```
            当 座 預 金
    ─────────────┬─────────────
      （借　方）  │  （貸　方）
                  │
```

　勘定は，向かって左側を**借方**，右側を**貸方**という。この借方と貸方について要素ごと一定の規則に従って取引を記録する。勘定記入の基本ルールは以下のようなものである。

　簿記上の取引を分析し，記録する基礎となるのは，以下に示すような簿記の基本等式である。

図表 1 − 1　勘定記入の基本ルール

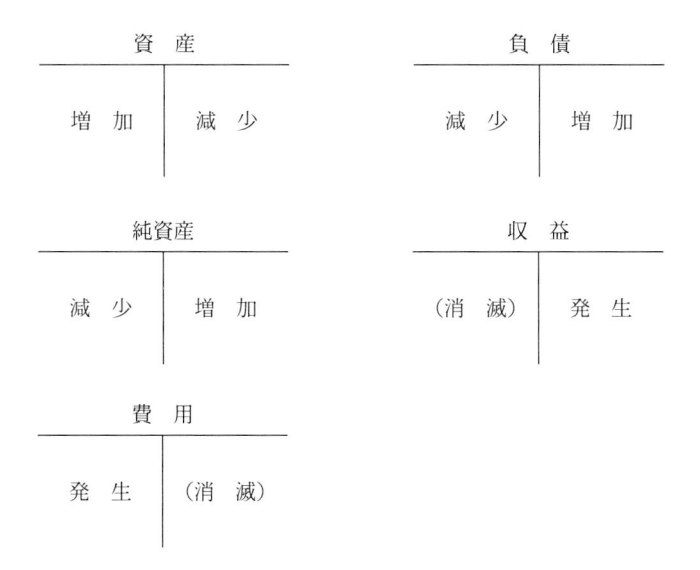

	勘　　定	借方記入	貸方記入
1	資　産	増　加	減　少
2	負　債	減　少	増　加
3	純資産	減　少	増　加
4	収　益	（消　滅）	発　生
5	費　用	発　生	（消　滅）

```
      資　産                    負　債
  増　加 | 減　少            減　少 | 増　加

      純資産                    収　益
  減　少 | 増　加           （消　滅）| 発　生

      費　用
  発　生 |（消　滅）
```

資産＝負債＋純資産（資本）

　簿記の基本等式は，左辺に資産，右辺に負債および純資産（資本）で成り立っており，等号の左側項目である資産に属する勘定の合計額と，右側項目である負債および純資産（資本）に属する勘定の合計額が必ず等しくなることを示している。また，収益は純資産（資本）を増加させる項目であり，費用は純資産（資本）を減少させる項目である。以上の点を図示すれば図表1−2のようになる。

図表1-2　簿記の基本等式

資　産	=	負　債	+	資　本
（＋）｜（－）		（－）｜（＋）		（－）｜（＋）

さらに，収益は資本を増加させる項目であり，費用は資本を減少させる項目であるから，これを考慮すると以下のようになる。

資　産	=	負　債	+	資　本	
（＋）｜（－）		（－）｜（＋）		（－）	（＋）
				費　用	収　益
				（＋）｜（－）	（－）｜（＋）

複式簿記では，取引の勘定記入にあたって以下のような重要なルールがある。

> （1）一つの取引について，2つ以上の勘定に記入する。
> （2）一つの取引について，借方合計額と貸方合計額は一致する。

たとえば，現金¥200と備品¥50を元入れして営業を開始したという取引の場合には，

現金の受入れ → 現金（資産）の増加 → 現金勘定借方に金額¥200を記入
備品の受入れ → 備品（資産）の増加 → 備品勘定借方に金額¥50を記入
資本の元入れ → 資本金（純資産）の増加 → 資本金勘定借方に金額¥250を記入

となる。

6．仕訳と勘定

仕訳とは，企業の経済行為が簿記上の取引であるかどうかを確認して，金額を測定し，簿記上の要素に分類し，勘定科目を決定する手続きである。仕訳は，取引が行われるたびごとに，その発生順に行われる。

たとえば，銀行から現金¥500を借入れた場合の取引の仕訳は以下のように

なる。

　現金（資産）の増加 → 現金勘定借方に¥500を記入
　借入金（負債）の増加 → 借入金勘定貸方に¥500を記入

　仕訳では，

　　（借）現　　　金　　　500　　　（貸）借　入　金　　　500

となる。

第2章 簿記一巡の手続

1．簿記一巡の手続の意義

　複式簿記では，簿記上の取引を認識した後，これを秩序整然と記録・計算・整理し，一会計期間における経営成績と当該期間の**期末**（決算日）時点の財政状態を示す財務諸表を作成する。この一連の手続きを簿記一巡の手続という。簿記一巡の手続は，**期中**（会計期間の期首から期末までの間）に行われる期中手続と，**決算日**（会計期間の期末）に行われる決算手続に区分される。

(1) 期中手続
　期中手続は，会計期間内に日常的に行われる手続であり，簿記上の取引を一定の秩序に従って整然と記録することを目的として，以下のとおりに行われる。
　① 取引が簿記上の取引であるか否かを判断する。
　② 簿記上の取引と判断された取引を仕訳し仕訳帳に記帳する。
　③ 仕訳帳に記帳した仕訳を，総勘定元帳に設けられた勘定口座に転記する。

(2) 決算手続
　決算手続は，決算日に行われる手続であって，期中手続により記録された帳簿を締切るとともに，帳簿記録に基づき財務諸表を作成することを目的として行われる。
　① 帳簿記録が適切であるか否かを検証するために試算表を作成する。
　② 決算整理事項を一覧表示した棚卸表を作成する。
　③ 決算の全体像を鳥瞰するために精算表を作成する。

④ 棚卸表に基づき，決算整理仕訳を行う。
⑤ 決算振替仕訳を行い，総勘定元帳に設けた損益勘定へ収益・費用の諸勘定の残高を振替えるとともに，損益勘定の残高（当期純損益）を資本金勘定に振替える。
⑥ 総勘定元帳と仕訳帳を締切る。
⑦ 資産・負債・資本の諸勘定の記入が適切であるか否かを検証するために繰越試算表を作成する。
⑧ 財務諸表，すなわち一会計期間における経営成績を示す損益計算書と決算日における財政状態を示す貸借対照表を作成する。

　上記の①から③の決算手続を決算予備手続，④から⑦の手続を決算本手続と呼ぶ。このうち，②と④の決算整理事項ならびに決算整理仕訳については，第3章以降で詳しく学習する。

2．期中手続

(1) 仕訳と転記

　複式簿記においては，簿記上の取引を認識したのち，金額を測定し，取引の要素を分類し，これを勘定口座に記入する。しかし，勘定口座への記入を直接行うと，記入漏れや誤記が生じるおそれがある。このため，あらかじめ取引ごとに仕訳を行い，勘定科目と金額，そして借方・貸方いずれに記入するかを決定しておき，その後，仕訳を参照しつつ勘定口座への転記を行う。転記を行う際には，日付，相手勘定，金額を記入する。なお，複式簿記は貸借一致の原則を基礎としているため，一つの取引について，借方合計額と貸方合計額は必ず一致する。すなわち，個々の仕訳の借方合計額と貸方合計額は必ず一致し，転記が行われたすべての勘定口座の借方合計額と貸方合計額も必ず一致する。

例題2－1 神田商店の4月中の取引について仕訳を行い，勘定口座に転記しなさい。

① 4月 1日　現金¥200,000を元入れ開業した。
② 4月 5日　銀行から現金¥100,000を借入れた。
③ 4月18日　商品¥250,000を仕入れ，代金は現金で支払った。
④ 4月23日　上記の全商品を¥300,000で販売し，代金は現金で受取った。
⑤ 4月25日　従業員の給料¥14,500を現金で支払った。
⑥ 4月30日　借入金¥50,000を返済し，利息¥500とともに現金で支払った。

解答

①	4月 1日	(借)現　　　金	200,000	(貸)資　本　金	200,000
②	4月 5日	(借)現　　　金	100,000	(貸)借　入　金	100,000
③	4月18日	(借)仕　　　入	250,000	(貸)現　　　金	250,000
④	4月23日	(借)現　　　金	300,000	(貸)売　　　上	300,000
⑤	4月25日	(借)給　　　料	14,500	(貸)現　　　金	14,500
⑥	4月30日	(借)借　入　金	50,000	(貸)現　　　金	50,500
		支払利息	500		

```
         現          金                              資　本　金
4/ 1 資本金  200,000 | 4/18 仕　入  250,000                    | 4/ 1 現　金  200,000
   5 借入金  100,000 |   25 給　料   14,500
  23 売　上  300,000 |   30 諸　口   50,500         借　入　金
                                       4/30 現　金   50,000 | 4/ 5 現　金  100,000

         仕          入                               売          上
4/18 現　金  250,000 |                                           | 4/23 現　金  300,000

         給          料                              支払利息
4/25 現　金   14,500 |                          4/30 現　金      500 |
```

解説 4月30日の現金勘定への転記にあるように,取引の相手勘定が複数にわたる場合には,相手勘定ではなく「諸口」と記入する。

(2) 仕訳帳

仕訳を記入する帳簿を**仕訳帳**という。仕訳帳には,企業の行ったすべての簿記上の取引が,時系列に沿って記録されることになる。先の例題2−1の取引の一部を仕訳帳に記入すると次のとおりである。

図表2−1 仕訳帳の記入

仕 訳 帳   1

平成×年		摘　　　要	元丁	借　方	貸　方
4	1	（現　金）	1	200,000	
		（資本金）	3		200,000
		元入れ開業			
～	～	～～～～～～～～	～	～～～～	～～～～
	30	諸　口　　（現　金）	1		50,500
		（借入金）	2	50,000	
		（支払利息）	7	500	
		借入金の返済			

仕訳を仕訳帳へ記入する際には,取引の日付を記入した上で,一行ごとに取引を構成する勘定科目を摘要欄に記入し,その金額を同じ行の借方もしくは貸方欄に記入する。仕訳は原則として借方を先に記入するが,4月30日の記入のように,複数の借方勘定科目と一つの貸方勘定科目で構成される取引については,摘要欄借方に「諸口」と記入した上で,貸方の勘定科目と金額を先に記入する。取引を構成するすべての勘定科目と金額を記入し終えたら,次の行の摘要欄に小書き（取引内容の要約）を記入し,摘要欄の下部に仕切線を引く。なお,元丁欄には各勘定科目の転記先である総勘定元帳の丁数（ページ数）もしくは勘定口座番号（勘定口座ごとに振られる番号）を記入する。

（3）総勘定元帳

　すべての勘定口座を一つにまとめた帳簿を**総勘定元帳**（または元帳）という。総勘定元帳には，仕訳帳からすべての取引が転記され，勘定科目ごとに設けられた勘定口座に整理，記録される。総勘定元帳の記入形式には標準式と残高式の2つがある。先の例題2－1の取引に基づき，現金勘定への記入を示すと，次のとおりである。

図表2－2　総勘定元帳への記入

＜標準式＞

総勘定元帳

現　金　　　　　　　　　1

平成×年		摘　要	仕丁	借　方	平成×年		摘　要	仕丁	貸　方
4	1	資　本　金	1	200,000	4	18	仕　　入	1	250,000
	5	借　入　金	1	100,000		25	給　　料	1	14,500
	23	売　　上	1	300,000		30	諸　　口	1	50,500

＜残高式＞

総勘定元帳

現　金　　　　　　　　　1

平成×年		摘　要	仕丁	借　方	貸　方	借/貸	残　高
4	1	資　本　金	1	200,000		借	200,000
	5	借　入　金	1	100,000		〃	300,000
	18	仕　　入	1		250,000	〃	50,000
	23	売　　上	1	300,000		〃	350,000
	25	給　　料	1		14,500	〃	335,500
	30	諸　　口	1		50,500	〃	285,000

　総勘定元帳へ転記する際には，取引の日付を記入した上で，摘要欄に相手勘定を，仕丁欄に転記元の仕訳帳の丁数（仕訳帳のページごとに振られるページ数）を，さらに借方欄または貸方欄に金額を記入する。取引の相手勘定が複数である場合には，摘要欄には「諸口」と記入する。なお，残高式では転記するたびにその時点の勘定残高を残高欄に記入し，当該残高が借方側あるいは貸方側の

いずれにあるかを借／貸欄に記入する。

(4) 主要簿と補助簿

　仕訳帳と総勘定元帳は，複式簿記の記録の根幹をなす帳簿であることから，**主要簿**と呼ばれる。一方，取引の実情や実務上の要請に応じて，特定の取引や勘定科目について，より細密な記録を行うことを目的とした帳簿が設けられることがある。これらは主要簿を補助する帳簿であることから**補助簿**と呼ばれる。補助簿には，売上帳や仕入帳など仕訳帳の記録を補助する目的で設けられる補助記入帳と，売掛金元帳や買掛金元帳など総勘定元帳の記録を補助する目的で設けられる補助元帳がある。

3．決算手続

(1) 試算表の作成

　期中の取引に関する仕訳と転記が正しく行われていなければ，正しい当期純利益は算定できず，また適切な財務諸表も作成できない。そこで，決算に際してすべての勘定口座の金額を集計した**試算表**を作成し，試算表の貸借それぞれの合計金額の一致をもって記帳の適正性を検証する。試算表の検証能力は，貸借一致の原則に基づき総勘定元帳のすべての勘定口座の借方合計額と貸方合計額は必ず一致するという前提に立つものである。したがって，その検証能力は絶対的なものではなく，転記の際の一部勘定口座への転記漏れや金額の転記ミスといった貸借の不一致をもたらすような誤謬は発見できるが，そもそも簿記上の取引について仕訳を行っていない，あるいは貸借逆の転記や転記するべき勘定口座を誤るといった，貸借一致の原則に反さないような誤謬を発見することはできない。なお，試算表には各勘定の借方合計金額と貸方合計金額を一覧にした合計試算表と，各勘定の残高を一覧にした残高試算表，さらに合計試算表と残高試算表を一表にまとめた合計残高試算表の3つがある。

例題 2 − 2　例題 2 − 1 の勘定口座に基づいて、神田商店の 4 月末の合計試算表と残高試算表を作成しなさい。

解答

合 計 試 算 表
平成×年 4 月 30 日

借　方	元丁	勘定科目	貸　方
600,000	1	現　　金	315,000
50,000	2	借　入　金	100,000
	3	資　本　金	200,000
	4	売　　上	300,000
250,000	5	仕　　入	
14,500	6	給　　料	
500	7	支 払 利 息	
915,000			915,000

残 高 試 算 表
平成×年 4 月 30 日

借　方	元丁	勘定科目	貸　方
285,000	1	現　　金	
	2	借　入　金	50,000
	3	資　本　金	200,000
	4	売　　上	300,000
250,000	5	仕　　入	
14,500	6	給　　料	
500	7	支 払 利 息	
550,000			550,000

解説　勘定科目欄には、通常、資産・負債・資本・収益・費用の順で勘定科目を配置し、元丁欄には総勘定元帳の当該勘定口座の丁数を記入する。借方欄および貸方欄にはそれぞれの勘定科目の金額を記入するが、合計試算表では借方合計額・貸方合計額を記入し、残高試算表では勘定残高をいずれか一方の欄に記入する。なお、合計残高試算表の様式を示すと、以下のとおりである。

合計残高試算表
平成×年 4 月 30 日

借　方		元丁	勘定科目	貸　方	
残　高	合　計			合　計	残　高
285,000	600,000	1	現　金	315,000	
～～～	～～～		～～～	～～～	～～～
	500	7	支払利息	500	
550,000	915,000			915,000	550,000

(2) 決算振替仕訳

決算に際して，総勘定元帳に損益勘定を設け，すべての収益勘定および費用勘定の残高を損益勘定に振替え，この損益勘定の貸借差額により当期純損益を算定する。また，損益勘定の貸借差額で算定された当期純損益は，資本金勘定に振替える。以上の振替えは仕訳を通じて行われるが，この仕訳を決算振替仕訳という。

(3) 総勘定元帳と仕訳帳の締切

決算振替仕訳と総勘定元帳への転記により，収益と費用の各勘定と損益勘定は貸借が一致する。これをもって収益と費用の各勘定と損益勘定の残高はゼロとなり，締切りを行う。一方，資産，負債，資本の各勘定は次期へ繰越すべき残高が借方もしくは貸方に残るが，この残高を巡っては，大陸式決算法と英米式決算法の2つの記帳方法がある。大陸式決算法では，総勘定元帳に残高勘定を設け，すべての資産，負債ならびに資本の各勘定残高を残高勘定に振替えるための決算振替仕訳を行う。この決算振替仕訳を総勘定元帳へ転記することにより，資産，負債，資本の各勘定と残高勘定は貸借それぞれの合計金額が一致し，これをもって各勘定残高はゼロとなり，締切りを行う。一方，英米式決算法では，資産，負債，資本の各勘定残高について決算振替仕訳は行わず，各勘定残高がある側の反対側の金額欄に残高を直接記入することにより各勘定の貸借を一致させ，締切りを行う。なお，各勘定口座の締切りは，大陸式決算法，英米式決算法いずれについても，貸借それぞれの合計金額を計算し，これが一致することを確認した上で，借方金額欄および貸方金額欄に記入し，その下部に二重線を引くことにより完結する。

本章では，以下，英米式決算法を前提として解説を進める。

例題2-3 例題2-1の期中取引を前提として,神田商店(決算日:4月30日)の決算振替仕訳を示しなさい。また,決算振替仕訳転記後の損益勘定,資本金勘定を示し,それぞれ締切りなさい。

解答

4月30日	(借) 売　　上	300,000	(貸) 損　　益	300,000
4月30日	(借) 損　　益	265,000	(貸) 仕　　入	250,000
			給　　料	14,500
			支払利息	500
4月30日	(借) 損　　益	35,000	(貸) 資本金	35,000

損　益

4/30	仕　　入	250,000	4/30	売　　上	300,000
〃	給　　料	14,500			
〃	支払利息	500			
〃	資本金	35,000			
		300,000			300,000

資本金

4/30	次期繰越	235,000	4/1	現　　金	200,000
			4/30	損　　益	35,000
		235,000			235,000
			5/1	前期繰越	235,000

解説 決算振替仕訳を損益勘定へ転記する際には,相手勘定が複数であっても摘要欄は諸口とせず,勘定科目ごとに科目名と金額を記入する。

英米式決算法においては,資産,負債,資本の各勘定について,解答の資本金勘定に示されるように,勘定残高を実際に残高があるのとは反対側(解答の資本金勘定では借方側)に記入し,貸借を一致させる。このとき摘要欄には「次期繰越」と記入し,日付,摘要,金額ともに朱記する。また,翌期の開始記入も併せて行うが,本来の残高がある側に記入し,摘要欄には「前期繰越」と記入する。

勘定の締切りにあたっては,各勘定の貸借それぞれの合計金額が一致することを確認し,合計額を貸借の同じ行に記入し,その上に単線を,下に二重線を引く。

なお,勘定口座に余白が生じた場合には,摘要欄に斜線を引く。参考として,現金勘定と仕入勘定の締切りも示す。

```
           現        金                                    仕        入
4/1  資 本 金 200,000 4/18 仕   入 250,000   4/18 現   金 250,000 4/30 損   益 250,000
  5  借 入 金 100,000   25 給   料  14,500
 26  売   上 300,000   30 諸   口  50,500
                      〃 次期繰越 285,000
           600,000            600,000
5/1  前期繰越 285,000
```

（4）繰越試算表の作成

すべての決算振替仕訳とその転記が適切に行われると，資産の各勘定残高合計と負債・資本の各勘定残高合計は一致する。大陸式決算法ではこれが残高勘定の貸借一致により検証されるが，英米式決算法においては，各勘定において残高の繰越しが直接行われるため検証できない。そこで，資産，負債，資本の各勘定の次期繰越高を一覧表にした繰越試算表を作成し，その借方合計額と貸方合計額の一致をもって，資産，負債，資本の各勘定残高の正確性を検証する。

例題 2 − 4 例題 2 − 1 および 2 − 3 に基づき，神田商店（決算日：4 月 30 日）の繰越試算表を作成しなさい。

解答

繰越試算表
平成×年 4 月 30 日

残 高	元丁	勘定科目	残 高
285,000	1	現 金	
	2	借 入 金	50,000
	3	資 本 金	235,000
285,000			285,000

解説 英米式決算法では，各勘定で勘定残高の次期への繰越しが行われるため，翌期において資産，負債，資本の各勘定の期首残高についても仕訳が行われない。したがって，このままでは翌期の仕訳帳および合計試算表の合計金額は一致しない。

これを避けるため，翌期首，仕訳帳に以下の記入を行う。この記入は元帳への転記をともなわないため，仕訳帳の元丁欄にはチェックを記入する。

仕 訳 帳　　　　　　　　　　2

平成×年		摘　要	元丁	借　方	貸　方
5	1	前 期 繰 越 高	✓	285,000	285,000

（5） 財務諸表の作成

以上の決算手続を経て，総勘定元帳の損益勘定の記入に基づき損益計算書を作成し，繰越試算表に基づき貸借対照表を作成する。

> **例題2－5**　例題2－3および2－4に基づき，神田商店（決算日：4月30日）の損益計算書および貸借対照表を作成しなさい。

解答

損 益 計 算 書

神田商店　　　平成×年4月1日から平成×年4月30日まで　　（単位：円）

費　用	金　額	収　益	金　額
仕　　　入	250,000	売　　　上	300,000
給　　　料	14,500		
支 払 利 息	500		
当 期 純 利 益	35,000		
	300,000		300,000

貸 借 対 照 表

神田商店　　　　　　　平成×年4月30日　　　　　　（単位：円）

資　産	金　額	負債・純資産	金　額
現　　　金	285,000	借　入　金	50,000
		資　本　金	200,000
		当 期 純 利 益	35,000
	285,000		285,000

解説 損益計算書には表題の下部に会計期間を，その左端には企業名をそれぞれ明記する。また貸借対照表には表題の下部に決算日を，その左端には企業名をそれぞれ明記する。なお損益計算書，貸借対照表とも，当期純利益（もしくは当期純損失）は当該名称を付して表記する。

（6）精算表の作成

決算に先立ち，残高試算表の作成から財務諸表の作成までの手続を一表に要約し，決算手続を鳥瞰するために精算表が作成されることがある。本章のこれまでの例題に基づき，神田商店の平成×年4月30日の精算表を作成すると以下のようになる。

精　算　表

平成×年4月30日

勘定科目	元丁	残高試算表 借方	残高試算表 貸方	損益計算書 借方	損益計算書 貸方	貸借対照表 借方	貸借対照表 貸方
現　　　金	1	285,000				285,000	
借　入　金	2		50,000				50,000
資　本　金	3		200,000				200,000
売　　　上	4		300,000		300,000		
仕　　　入	5	250,000		250,000			
給　　　料	6	14,500		14,500			
支払利息	7	500		500			
当期純利益				35,000			35,000
		550,000	550,000	300,000	300,000	285,000	285,000

ここに示した精算表は6桁精算表と呼ばれるものであるが，一般には残高試算表欄と損益計算書欄の間に決算整理仕訳を記入するための修正記入欄を設けた8桁精算表を作成することが多い。8桁精算表の作成方法については後の章で詳しく解説する。

第3章

現金預金

1. 現金

(1) 現金

　一般に**現金**というと紙幣や硬貨を思い浮かべるが，簿記上では，それ以外に現金として処理されるものが含まれる。これらを通貨代用証券といい，受取ったらすぐ現金に換えられる。

```
● 他人振出しの小切手
● 郵便為替証書
● 送金小切手
● 支払期限の到来した公社債の利札
● 配当金領収書
```

　紙幣や硬貨，通貨代用証券を受取ると，簿記上では現金勘定で処理をし，その収支を記録する。現金を受取ったときは借方に，現金を支払ったときは貸方に記入する。したがって，現金勘定の残高は，現金の手許有高を意味する。

図表3－1　現金勘定

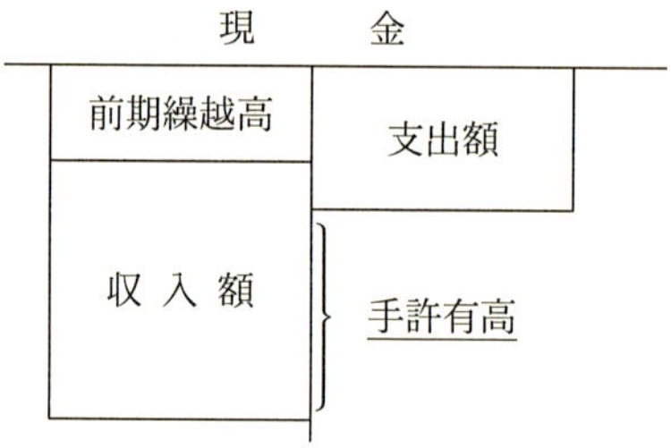

現　金	
前期繰越高	支出額
収　入　額	手許有高

第 3 章 現 金 預 金

> **例題 3 − 1** 次の取引の仕訳を示しなさい。
> 　　東京商店は，神奈川商店に商品を売渡し，代金¥100,000 は同店振出しの小切手で受取った。

解答　（借）現　　　金　100,000　　（貸）売　　　上　100,000

解説　他人振出しの小切手を受取ったときは，現金として処理するため，現金勘定の借方に記入する。

（2）現金出納帳

　現金の収入および支出があったときは，まず仕訳帳に記入し，その後，総勘定元帳に設定された現金勘定に転記する。これら主要簿のほか，現金の収支の明細を記録するために**現金出納帳**という補助簿に記入する。

図表 3 − 2　現金出納帳

現 金 出 納 帳

平成×7年		摘　　　要	収　入	支　出	残　高
6	1	前月繰越	140,000		140,000
	20	神奈川商店から売上代金受取り	100,000		240,000
	30	**次月繰越**		240,000	240,000
			240,000	240,000	
7	1	前月繰越	240,000		240,000

（3）現金過不足

　実際の現金の残高（実際有高）と，簿記上の現金の残高（手許有高）を照合すると，記録計算の誤り，記帳漏れなどの理由で，一致しないことがある。このような場合，現金過不足勘定を設定し，帳簿の金額を実際の現金残高に合わせる。現金過不足勘定は，実際の現金残高と帳簿の現金残高を一時的に同じにするため使用する勘定科目であり，後で差額の原因が判明したときは現金過不足勘定から，該当する勘定科目に振替える。

● 現金過不足発生時（不一致の原因が不明）
　① 実際現金残高＞帳簿現金残高
　　　この場合は，帳簿上の現金勘定を増やして，実際の現金残高に合わせる。

　　　（借）現　　　金　×××　　（貸）現金過不足　×××

　② 実際現金残高＜帳簿現金残高
　　　この場合は，帳簿上の現金勘定を減らして，実際の現金残高に合わせる。

　　　（借）現金過不足　×××　　（貸）現　　　金　×××

● 現金過不足判明時（不一致の原因が判明）
　原因が判明した場合，現金過不足に該当する勘定に振替える。
　① 実際現金残高＞帳簿現金残高

　　　（借）現金過不足　×××　　（貸）売　掛　金　×××

　② 実際現金残高＜帳簿現金残高

　　　（借）交　通　費　×××　　（貸）現金過不足　×××

● 決算時（決算時までに現金過不足の原因が不明）
　この場合，現金過不足勘定が借方残高であるときは，その残高を雑損勘定の借方に振替える。貸方残高であるときは，その残高を雑益勘定の貸方に振替える。
　① 実際現金残高＞帳簿現金残高

　　　（借）現金過不足　×××　　（貸）雑　　　益　×××

　② 実際現金残高＜帳簿現金残高

　　　（借）雑　　　損　×××　　（貸）現金過不足　×××

2．預　金

（1）当座預金

　簿記上，預金には，当座預金，普通預金，定期預金などが含まれる。**当座預金**は，他の預金と異なり無利息であり，現金を引出すのに銀行から交付された小切手を用いる。当座預金が開設されると，受取った現金や小切手などは当座預金に預入れられ，現金の支払いには小切手が振出される。当座預金の預入れや引出しの記録には，当座預金勘定を用いる。

① 当座預金に預入れた場合
　　銀行に当座預金口座を開設し，現金¥300,000を預入れた。

　　（借）当 座 預 金　×××　　（貸）現　　　　金　×××

② 当座預金を引出した場合
　　商品¥200,000を仕入れ，代金は小切手で支払った。

　　（借）仕　　　　入　×××　　（貸）当 座 預 金　×××

　なお，小切手は通貨代用証券のため，他人振出しの小切手を受取った場合は，現金勘定の借方に記入する。ただし，これをただちに預入れたときは，当座預金勘定の借方に記入する。

> 他人が振出した小切手を支払いの際に用いる。→ 現金勘定の減少
> 自分が振出した小切手を支払いの際に用いる。→ 当座預金勘定の減少

（2）当座預金出納帳

　当座預金の預入れと引出しは，主要簿である仕訳帳と総勘定元帳の中の当座預金勘定に記入する。これら主要簿のほか，その明細を記録するために，取引

図表 3 − 3　当座預金出納帳

当 座 預 金 出 納 帳

平成×7年		摘　　要	預　入	引　出	借または貸	残　高
8	1	前月繰越	150,000		借	150,000
	10	神奈川商店から売上代金受取り	300,000		借	450,000
	20	千葉商店へ仕入代金支払い＃001		500,000	貸	50,000
	24	埼玉商店から売上代金受取り	400,000		借	350,000
	31	次月繰越		350,000		
			850,000	850,000		
9	1	前月繰越	350,000		借	350,000

銀行別に当座預金出納帳という補助簿に記入する。

(3) 当座借越

　小切手を振出しても，銀行は当座預金の残高以上の支払いは行わない。しかし，一定の限度額までは当座預金の残高を超えて小切手を振出すことができる。これを当座借越契約という。この契約に基づき，当座預金の残高を超えて小切手を振出した場合は，当座借越勘定が設定される。当座預金の残高を超えた金額は，当座借越勘定の貸方に記入する（2勘定法）。図表 3 − 3 の 8 月 20 日の取引が，その例である。

　2勘定法とは，当座預金勘定（資産の勘定）と当座借越勘定（負債の勘定）の 2 つの勘定を用いて処理をする方法である。1勘定法とは，当座勘定のみで処理をする方法である。当座勘定が設定された場合は，当座借越であるか否かにかかわらず，預入れは当座勘定の借方に記入し，引出しは当座勘定の貸方に記入する。

例題3－2 次の取引の仕訳を，2勘定法と1勘定法で示しなさい。

　　栃木商店は，山梨商店から商品￥150,000を仕入れ，代金は小切手を振出して支払った。当座預金残高は，￥50,000で，当座借越契約による借越限度額は，￥200,000である。

解答　2勘定法の場合
　　　（借）仕　　　　入　　150,000　　（貸）当 座 預 金　　 50,000
　　　　　　　　　　　　　　　　　　　　　　　当 座 借 越　 100,000
　　　1勘定法の場合
　　　（借）仕　　　　入　　150,000　　（貸）当　　　　座　 150,000

解説　2勘定法の場合は，当座預金残高が￥50,000のため，残額は当座借越勘定を用いる。1勘定法の場合は，当座預金残高を超えていても，当座勘定を用いる。したがって，当座勘定の残高は，借方残高のときは当座預金を，貸方残高のときは当座借越を示すことになる。

（4）銀行勘定調整表

　銀行勘定調整表とは，企業の当座預金勘定（または当座預金出納帳）の残高と銀行の残高証明書の残高とを一致させるために作成する一覧表である。その作成方法は3つある。第1の方法は，企業の当座預金（当座預金出納帳）の残高に不一致の原因を加算・減算して銀行残高証明書の残高に一致させる方法である。不一致の原因について，企業残高に「＋」および銀行残高に「－」する原因を加算し，企業残高に「－」および銀行残高に「＋」する原因を減算する。

　第2の方法は，銀行残高証明書の残高に不一致の原因を加算・減算して企業の当座預金（当座預金出納帳）の残高に一致させる方法である。不一致の原因について，銀行残高に「＋」および企業残高に「－」する原因を加算し，銀行残高に「－」および企業残高に「＋」する原因を減算する。この方法では，企業残高を銀行残高に一致させる方法の加算欄の内容と減算欄の内容を逆に記入す

図表 3 － 4　銀行勘定の調整方法

不一致の原因	内容	当座預金残高の修正
時間外預入れ	企業が現金を銀行の閉店後に預入れたため，銀行では翌日の入金として扱われた場合	銀行側の残高に「＋」
未取立小切手	他人振出小切手の取立てを銀行に依頼し，企業では当座預金の増加として処理したが，銀行では取立てが完了していない場合	銀行側の残高に「＋」
未取付小切手	小切手を振出したが，相手先が銀行に持ち込んでいない場合	銀行側の残高に「－」
未渡小切手	小切手を作成し，当座預金の減少として処理したが，実際には相手先に渡していない場合	企業側の残高に「＋」
入金連絡未達	当座振込があったが，銀行からの通知がないため，企業側で未処理の場合	企業側の残高に「＋」
引落し連絡未達	当座引落しがあったが，銀行からの通知がないため，企業側で未処理の場合	企業側の残高に「－」

る。

　第 3 の方法は，企業の当座預金（当座預金出納帳）の残高，銀行の残高証明書の残高に不一致の原因をそれぞれ加算・減算し，両者の残高が一致する金額（適正残高）に合わせる方法である。企業側で修正が行われる原因は企業の当座預金残高に加算・減算し，銀行側で修正が行われる原因は銀行残高証明書の残高に加算・減算する。この方法では，企業側の修正項目は企業残高を，銀行側の修正項目は銀行残高を加算・減算し，両者の残高を一致させる。

図表3－5　銀行勘定調整表

当座預金出納帳残高		×××
加算：企業残高に「＋」する原因	×××	＋
銀行残高に「－」する原因	＋××× ＝	×××
減算：企業残高に「－」する原因	×××	－
銀行残高に「＋」する原因	＋××× ＝	×××
銀行残高証明書残高		×××

※企業残高の加算欄・減算欄には，具体的な原因とその金額を記入する。

例題3－3　次の資料より，銀行勘定調整表を完成させなさい。

静岡商店が，取引銀行から取り寄せた当座預金の残高証明書の金額は，当社の当座預金出納帳の残高と一致していなかった。

＜資料＞

銀行残高証明書残高　　　　　¥780,000

静岡商店の当座預金出納帳残高　¥600,000

・消耗品を購入した際に振出した小切手¥110,000が先方に未渡しであった。
・2月分の水道料¥30,000が引落とされていたが，当社では未記入であった。
・3月31日に現金¥50,000を当座預金口座へ預入れていたが，銀行の営業時間終了後であったため，銀行は翌日の入金として処理していた。
・仕入先に対する代金の支払として，小切手¥150,000を振出したが未取付けであった。

解答

銀 行 勘 定 調 整 表

平成×7年3月31日

適 用	金 額	適 用	金 額
静岡商店当座預金出納帳残高	¥600,000	銀行残高証明書残高	¥780,000
加算：（未渡小切手）	(110,000)	加算：時間外預入れ	(50,000)
減算：（水道料引落未記帳）	(30,000)	減算：未取付小切手	(150,000)
適正残高	(¥680,000)	適正残高	(¥680,000)

解説 1．未渡小切手は企業残高を「＋」修正する原因
   2．水道料引落未記帳は企業残高を「－」修正する原因
   3．時間外預入れは銀行残高を「＋」修正する原因
   4．未取付小切手は銀行残高を「－」修正する原因

3．小口現金

（1）小口現金

　企業は，日常的な細かい経費の支払のため，一定期間の必要額を手許に置いておく。これを**小口現金**という。

（2）定額資金前渡制度（インプレスト・システム）

　小口現金の管理方法の一つとして，定額資金前渡制度がある。一定の期間（1週間・1ヵ月）に使用する金額をあらかじめ見積もって，その金額を用度係に前もって渡す。用度係は，交通費や電話代，雑費などの小額な現金の支払額を小口現金出納帳に記入し，週末（月末）などに会計係にその週（月）の支払額を報告する。会計係は，用度係から報告された金額と同額の現金を用度係に補給する。

（3）小口現金出納帳

小口現金の補給と支払の明細を記録しておくため，小口現金出納帳という補助簿に記入する。

図表3－6　小口現金出納帳

受　入	平成×7年		摘　要	支　払	内　訳			
					交通費	通信費	消耗品費	雑　費
30,000	5	1	前週繰越					
	〃		バス回数券	4,000	4,000			
		2	新聞代	4,000				4,000
	〃		電話代	3,000		3,000		
		3	文具代	9,000			9,000	
			合　計	20,000	4,000	3,000	9,000	4,000
20,000		5	本日補給					
	〃		**次週繰越**	30,000				
50,000				50,000				
30,000	5	8	前週繰越					

※週末における締切りと小切手振出しによる資金の補給の記入を行っている。
※インプレスト・システムを採用している。

第4章 商品売買

1．商品勘定の分割

　商品売買は，企業の営業活動の核心となる活動である。商品の出入りについて商品勘定において管理するが，取引が煩雑であり取引の種類も多岐にわたるため，商品勘定を分割して処理し管理する。
　商品を仕入れたときには**仕入勘定**（費用），商品を売上げたときには**売上勘定**（収益），そして期末に売残った商品は繰越商品勘定（資産）を設けて記帳する。

（1）仕入勘定

　商品を仕入れたとき，仕入原価を仕入勘定の借方に記入する。仕入原価には，商品の購入代価のほかに引取り運賃や運送保険料など，仕入れにともなう仕入諸費用（仕入諸掛）を仕入原価に含める。商品を現金で仕入れたときの仕訳は，以下のようになる。

　　　　　（借）仕　　　入　×××　　（貸）現　　　金　×××

　仕入れた商品が注文した品物と違っていたり不良品であったとき，商品を返品したり値引きを受けることがある。この場合，仕入勘定の貸方に記入する。
　掛で仕入れた商品の値引きを受けた場合，以下のように処理する。

　　　　　（借）買　掛　金　×××　　（貸）仕　　　入　×××

図表 4－1　仕入勘定

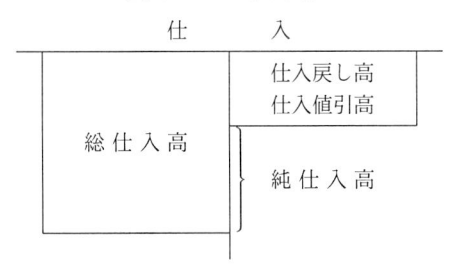

```
         仕        入
┌──────────────┬──────────────┐
│              │ 仕入戻し高    │
│              │ 仕入値引高    │
│  総 仕 入 高 ├──────────────┤
│              │              │
│              │ 純 仕 入 高  │
│              │              │
└──────────────┴──────────────┘
```

例題 4－1　以下の取引の仕訳を示しなさい。
① 小野商店より商品100個（@¥170）を仕入れ，代金は掛とした。
② 向田商会より商品150個（@¥160）を仕入れ，代金は掛とした。なお，引取り運賃¥1,200を現金で支払った。
③ 向田商会より仕入れた商品20個に若干のキズがあったため，商品1個あたり¥10の値引きを受け，買掛金残から差引くこととした。

解答　① （借）仕　　　　入　　17,000　　（貸）買　　掛　　金　　17,000
　　　② （借）仕　　　　入　　25,200　　（貸）買　　掛　　金　　24,000
　　　　　　　　　　　　　　　　　　　　　　　現　　　　　金　　 1,200
　　　③ （借）買　　掛　　金　　　200　　（貸）仕　　　　入　　　　200

解説　② 商品の仕入れにともない発生する仕入諸掛費用は，仕入原価に含める。

（2）売上勘定

　商品を売上げたとき，商品の売価を売上勘定の貸方に記入する。商品を販売する際に生じた荷造り運賃などの経費は，売上勘定には記入せず，発送費勘定（費用）を設け，その借方に記入する。商品を掛で販売した場合，以下のような仕訳になる。

　　　　（借）売　掛　金　　×××　　（貸）売　　　　上　　×××

販売した商品が注文を受けたものと違っていたり，キズがあった場合，買い手から返品を受けたり，値引きする場合がある。このようなときは，売上勘定の借方に記入する。仕訳は，以下のようになる。

(借)売　　上　×××　　(貸)売　掛　金　×××

図表4－2　売上勘定

```
           売           上
    ┌──────────┬──────────────┐
    │ 売上戻し高 │              │
    │ 売上値引高 │              │
    ├──────────┤  総 売 上 高  │
    │           │              │
    │ 純 売 上 高│              │
    └──────────┴──────────────┘
```

> **例題4－2**　以下の取引の仕訳を示しなさい。
> ① 高林商事に商品100個（@¥240）を掛で販売した。
> ② 高林商事に販売した商品10個にキズがあり，1個あたり¥20値引きした。代金は，売掛金の残より差引くこととした。
> ③ 佐藤商会に商品300個（@¥300）を掛で販売した。なお，発送費¥8,000を現金で支払った。

解答　① (借)売　掛　金　24,000　　(貸)売　　　上　24,000
　　　② (借)売　　　上　　　200　　(貸)売　掛　金　　　200
　　　③ (借)売　掛　金　90,000　　(貸)売　　　上　90,000
　　　　　　　発　送　費　 8,000　　　　　現　　　金　 8,000

解説　③　自社負担の発送費は，売上勘定とは関係なく発送費勘定に記入し管理する。

（3）繰越商品勘定

　繰越商品勘定（資産）は，月次および本決算のときに，期末商品有高を記入

する。

繰越商品勘定には，前期から当期に繰越された商品の有高（期首商品有り高）が記入される。

（4）売上原価の計算

期首商品棚卸高を仕入勘定の借方に，同時に繰越商品勘定の貸方に記入し，繰越商品勘定から仕入勘定へ振替える。期末商品棚卸高を，仕入勘定の貸方に記入し，繰越商品勘定の借方に記入し，仕入勘定から繰越商品勘定へ振替える。このようにして仕入勘定において売上原価が計算される。その計算過程を勘定に示すと以下のようになる。

　　平成×1年　総仕入高　¥3,200,000　期末商品棚卸高　¥700,000
　　平成×2年　総仕入高　¥4,600,000　期末商品棚卸高　¥648,000

図表4－3　仕入勘定と繰越商品勘定

平成×1年　繰越商品

平成×1年 期末商品棚卸高	700,000	次期繰越高	700,000

平成×1年　仕　　入

平成×1年 総仕入高	3,200,000	平成×1年 期末商品棚卸高	700,000
		平成×1年 売上原価	2,500,000

平成×2年　繰越商品

平成×2年 期首商品棚卸高	700,000	平成×2年 仕　入	700,000

平成×2年　仕　　入

平成×2年 総仕入高	4,600,000	平成×2年 期末商品棚卸高	648,000
		平成×2年 売上原価	4,652,000
期首繰越商品	700,000		

2．仕入帳

仕入帳は，商品の仕入取引の明細を記録する補助簿である。仕入勘定では，商品を仕入れた日付と金額はわかるが，仕入先，品目，数量や単価などの明細はわからない。また，仕入取引は，頻繁に発生する。そのため，仕入の明細を管理するために，仕入帳を利用する。仕入帳の総仕入高は，仕入勘定の借方の合計額と一致する。また，純仕入高は，仕入勘定の借方残高と一致する。

図表 4 － 4　仕入帳

仕　入　帳

平成○年		摘　　　要			内　訳	金　額
4	15	大橋商事		掛		
		Z 商品	150 個	@ ¥ 200	30,000	
		Y 商品	200 個	@ ¥ 350	70,000	100,000
	17	大橋商事		掛		
		Z 商品	150 個	@ ¥ 10		1,500

【記入方法】
① 日付欄　取引の日
② 摘要欄　仕入先，支払い条件，品名，数量，単価を記入する。
③ 内訳欄　商品ごとの仕入額を記入する。
④ 金額欄　内訳の合計額を記入する。
⑤ 仕入先より返品，値引きを受けた場合は，朱書きする。

例題 4 − 3 以下の取引を仕入帳に記入しなさい。

① 6月 1日 横山商店から商品￥80,000（ソックス 100 足＠￥500，ハンカチ 300 枚＠￥100）を掛で仕入れた。
② 6月 4日 横山商店から仕入れたハンカチに色違いがあったため，1 枚あたり￥10 の値引きを受けた。
③ 6月17日 本井商会よりソックス￥120,000（300 足＠￥400）を小切手を振出して支払った。なお，引取り運賃￥1,200 は現金で支払った。

解答

仕　入　帳

平成○年		摘　　要			内　訳	金　額
6	1	横山商店		掛		
		ソックス	100 足	＠￥500	50,000	
		ハンカチ	300 枚	＠￥100	30,000	80,000
	4	**横山商店**		**掛値引き**		
		ハンカチ	**300 枚**	**＠￥10**		**3,000**
	17	本井商会		小切手		
		ソックス	300 足	＠￥400	120,000	
		上記引取費		現金	1,200	121,200
				総仕入高		201,200
				仕入戻し・値引高		**3,000**
				純仕入高		198,200

3．売上帳

売上帳も，商品の販売取引の明細を記入する補助簿である。売上帳を用いる趣旨は，仕入帳とまったく同じである。売上帳の総売上高は，売上勘定の貸方の合計額と一致する。また，純売上高は，売上勘定の貸方残高と一致する。

図表 4 − 5　売上帳

売　上　帳

平成〇年		摘　　要			内　訳	金　額
4	20	高沢商会		掛		
		Z 商品	100 個	@¥200	20,000	
		Y 商品	120 個	@¥450	54,000	74,000
	17	高沢商会		掛		
		Z 商品	100 個	@¥10		1,000

【記入方法】

① 日付欄　取引の日
② 摘要欄　得意先，回収条件，品目，数量，単価を記入する。
③ 内訳欄　商品ごとの売上額を記入する。
④ 金額欄　内訳の合計額を記入する。
⑤ 仕入先より返品，値引きを受けた場合は，朱書きする。

例題 4 − 4　以下の取引を売上帳に記入しなさい。

① 6月 7日　高野商店へ商品¥100,000（ソックス 80 足@¥750，ハンカチ 200 枚@¥200）を掛で売上げた。
② 6月 9日　高野商店へ販売したハンカチに色違いがあったため，1 枚あたり¥20 の値引きを承諾した。
③ 6月24日　有田商事に商品¥210,000（ソックス 300 足@¥700）を販売し，代金は小切手で受取った。

解答

売　上　帳

平成○年		摘　要			内　訳	金　額
6	7	高野商店		掛		
		ソックス	80足	@¥750	60,000	
		ハンカチ	200枚	@¥200	40,000	100,000
	9	**高野商店**		**掛値引き**		
		ハンカチ	200枚	@¥20		4,000
	24	有田商事		小切手		
		ソックス	300足	@¥700		210,000
	30			総売上高		310,000
	〃			**売上値引・戻し高**		4,000
				純売上高		306,000

4．商品有高帳

（1）商品有高帳

商品有高帳は，商品の受払いおよび残高の明細を記録する補助簿である。この帳簿は，商品の種類ごとに有高帳を作成し，その受入れ，払出し，および残高について数量，単価，金額を記入する。これによって，常に商品ごとの在庫

図表 4 － 6　商品有高帳

商　品　有　高　帳

（商品名）　　　　　　　　　　　　　　　（単位：個）

平成○年		摘要	受　入			払　出			残　高		
			数量	単価	金額	数量	単価	金額	数量	単価	金額
7	1	前月繰越	×××	×××	×××				×××	×××	×××
	5	仕　入	×××	×××	×××				×××	×××	×××
	11	売　上				×××	×××	×××	×××	×××	×××
	31	次月繰越				×××	×××	×××			
			×××		×××	×××		×××			
8	1	前月繰越	×××	×××	×××				×××	×××	×××

数量が帳簿上明確になり在庫管理に役立つ。さらに，仕入原価と払出価額が帳簿に明らかとなり，期末商品棚卸高と売上原価の計算に役立てることができる。

同一商品であっても，為替や物価の変動等にともない仕入価格も異なる。このような場合，払出価格を決めなければならない。単価の高額な商品では，個別に記入する個別法がとられる。しかし，単価の比較的低く，大量に受払いが行われる商品については，その商品の払出しを仮定した簡便な方法がとられる。ここでは，代表的な例として先入先出法と移動平均法について説明する。

（2）先入先出法

先入先出法は，先に仕入れた商品が先に払出されると仮定して払出し単価を決定する方法である。

> **例題4－5** 以下の資料によって，先入先出法により商品有高帳に記入しなさい。
> ① 8月 1日　前月繰越　150個　@¥200　¥30,000
> ② 8月 5日　仕　　入　200個　@¥180　¥36,000
> ③ 8月11日　売　　上　200個　@¥460　¥92,000

解答

商品有高帳
（水牛ボタン）　　　　　　　　　　　　　　　（単位：個）

平成〇年		摘要	受入			払出			残高		
			数量	単価	金額	数量	単価	金額	数量	単価	金額
8	1	前月繰越	150	200	30,000				150	200	30,000
	5	仕　入	200	180	36,000				{ 150	200	30,000
									200	180	36,000
	11	売　上				{ 150	200	30,000			
						50	180	9,000	150	180	27,000
	31	次月繰越				150	180	27,000			
			350		66,000	350		66,000			
9	1	前月繰越	150	180	27,000				150	180	27,000

解説　8月　5日　前月より繰越された商品と単価の異なる商品が仕入れられた。先入先出法による場合，残高欄において単価の異なる商品は，上下に｛（カッコ）でくくる。

　　　8月11日　商品有高帳は，あくまでも商品の管理が目的なので，ここでは原価を記入する。払出欄の合計額が当該取引の売上原価であり，残高欄は，商品の現在の在庫在高を示す。

　　　8月31日　商品有高帳には，すべて原価が記入される。次月に繰越す数量，単価，金額は赤字で記入する。また，終了線を引くと同時に，9月1日の前月繰越を記入し，赤字で書かれた数量，単価，金額と一致していることを確認する。

（3）移動平均法

移動平均法は，単価の異なる商品を仕入れたつど，仕入直前の残高欄の金額と仕入れた金額の合計額を残高欄の数量と仕入れた商品の合計数量で割って平均単価を計算する。そして，この単価を現在の残高の単価とし，その後の売上商品の払出単価とする。

> **例題 4 − 6**　以下の資料によって，移動平均法により商品有高帳に記入しなさい。
> ①　8月　1日　前月繰越　200 個　＠￥420　￥84,000
> ②　8月　7日　仕　　入　800 個　＠￥500　￥400,000
> ③　8月21日　売　　上　600 個　＠￥1,200　￥720,000

解答

商 品 有 高 帳
(メキシコ貝ボタン)　　　　　　　　　　(単位:個)

平成 ○年		摘 要	受 入			払 出			残 高		
			数量	単価	金 額	数量	単価	金 額	数量	単価	金 額
8	1	前月繰越	200	420	84,000				200	420	84,000
	7	仕　　入	800	500	400,000				1,000	484	484,000
	21	売　　上				600	484	290,400	400	484	193,600
	31	次月繰越				400	484	193,600			
			1,000		484,000	1,000		484,000			
9	1	前月繰越	400	484	193,600				400	484	193,600

解説　8月 7日　単価の異なる商品が仕入れられたので，前期から繰越された商品の残高の金額と仕入れた商品の額を合計し，総数量で割り平均単価を計算する。
　　　8月21日　販売された商品の原価は，残高の欄に計算されていた平均単価を用いて払出し額とする。
　　　8月31日　先入先出法と同様の手続で商品有高帳を締切る。

5．棚卸減耗損と商品評価損

(1) 棚卸減耗損

　商品有高帳を精密に記帳している場合，帳簿から棚卸高を知ることができる。これを，**帳簿棚卸**という。しかし，商品有高帳を精密に記入していても，商品の滅失，毀損，盗難などにより，商品有高帳に記入されない商品の減少が生じる。そのため，**実地棚卸**を行い，実際の商品の残高を確認し，商品有高帳の残高を訂正する必要がある。実地棚卸は，どのような記帳制度においても必要である。

　理論的には，決算日に商品の棚卸を行い，売上原価を計算するが，商品が多いなどの理由により決算日に棚卸をすることができない場合，なるべく決算日に近い日に棚卸を行う。実地棚卸により商品の減少が確認できたときの計算と

仕訳は，以下のようになる。

棚卸減耗損＝原価×(帳簿棚卸の商品数量残高－実地棚卸の商品数量残高)

（借）棚卸減耗損　×××　　（貸）繰越商品　×××

（２）商品評価損

期末に残った商品の価格が，購入した原価を下回ることがある。それらの原因として，以下の２種類が考えられる。

① 品質低下　商品の品質低下や陳腐化
② 時価の下落

これらを原因とする商品の価格の下落も，仕訳を行い帳簿残高に反映させなければならない。その計算と仕訳は以下のようになる。

商品評価損＝(原価－時価)×実地棚卸の商品数量残高

（借）商品評価損　×××　　（貸）繰越商品　×××

商品評価損は，決算期末に残っている商品からだけ生じる。

> **例題 4 － 7**　以下の資料により，棚卸減耗損と商品評価損を計上する仕訳を示しなさい。
> ① 帳簿棚卸高　180個　　実地棚卸高　160個
> ② 原価　@¥120　　時価　@¥100

解答　①　（借）棚卸減耗損　2,400　　（貸）繰越商品　2,400
　　　　②　（借）商品評価損　3,200　　（貸）繰越商品　3,200

解説　棚卸減耗損＝¥120×(帳簿棚卸高180個－実地棚卸高160個)
　　　　商品評価損＝(原価@¥120－時価@¥100)×160個

第 5 章

債 権 債 務

1．債権および債務

　近年では，代金の決済を一定期日後に行う信用取引が一般化している。これらの信用取引は，その発生原因により各勘定に区分され管理される。

図表 5 − 1　債権債務の区分と勘定

債権の勘定		債務の勘定	
主 た る 営 業 活 動			
売掛金	主たる営業取引による代金の未回収額	買掛金	主たる営業取引による代金の未払額
受取手形	主たる営業取引による手形代金の未回収額	支払手形	主たる営業取引による手形代金の未払額
前払金	内金・手付金など代金の前払い	前受金	内金・手付金など代金の前受け
得意先の人名勘定	得意先別の掛代金の未収額	仕入先の人名勘定	仕入先別の掛代金の未払額
主 た る 営 業 活 動 以 外			
未収金	主たる営業活動以外の取引による代金の未回収額	未払金	主たる営業活動以外の取引による代金の未払額
財 務 活 動			
貸付金	他者に金銭を貸付けた額	借入金	他者より金銭を借入れた額
従 業 員 な ど と の 関 係			
立替金	一時的な金銭の立替額	預り金	一時的な金銭の預り額
そ の 他 の 活 動			
仮払金	内容の不明な支出を一時的に記録する勘定	仮受金	内容の不明な入金を一時的に記録する勘定
他店商品券	商品券を発行した他店への代金請求権	商品券	商品券発行による将来の商品引渡し義務

債権の勘定では，借方に増加額を，貸方に減少額を記入する。債権の勘定の借方残高は，債権の未回収額を表している。債務の勘定では，借方に減少額を，貸方に増加額を記入する。債務の勘定の貸方残高は，債務の未払額を表している。

2．主たる営業活動上の債権債務

（1）売掛金と買掛金

商品の受け渡しを先に行い，代金の決済を月末などにする取引を掛取引という。掛取引で生じるのが**売掛金**（資産）と**買掛金**（負債）である。売掛金は後日代金を受取る権利であり，買掛金は後日代金を支払う義務を意味する。商品を得意先に掛で売渡した場合，以下のような仕訳となる。

　　（借）売　掛　金　×××　　（貸）売　　　上　×××

また，商品を掛で仕入れた場合，以下のような仕訳になる。

　　（借）仕　　　入　×××　　（貸）買　掛　金　×××

代金が決済された時の仕訳は，以下のようになる。

　　（借）現金など　　×××　　（貸）売　掛　金　×××

図表5－2　売掛金勘定と買掛金勘定

売　掛　金		買　掛　金	
前期繰越高	売掛金回収高	買掛金支払高	前期繰越高
	返品 （売上値引高） （売上戻り高）	返品 （売上値引高） （売上戻り高）	
当期掛売上高			当期掛仕入高
	｝未回収額	未回収高｛	

(2) 人名勘定

　売掛金勘定と買掛金勘定は，売掛金や買掛金の総額を表示することはできるが，取引先ごとの明細を管理することはできない。そこでそれぞれの得意先・仕入先ごとに，店名，氏名または商号を勘定科目として設け，これらの勘定にそれぞれ売掛金・買掛金の増加・減少および残高を記入し管理する。このような勘定を人名勘定と呼ぶ。人名勘定を設けた場合，売掛金増加時に該当する得意先の勘定の借方に記入し，これを回収したときには貸方に記入する。

　しかし，実際には取引先も多く取引先も増減するので，あまり利用されない。主要簿には売掛金勘定・買掛金勘定を使用し，補助簿として得意先および仕入先ごとの人名勘定を設けて債権・債務の増減を記入する方法がとられている。

(3) 売掛金元帳と買掛金元帳

　売掛金元帳・買掛金元帳では，すべての得意先・仕入先の取引が記入されるため，取引先ごとの増減および残高を管理することができない。売掛金勘定・

図表5-3　総勘定元帳と売掛金元帳・買掛金元帳

総　勘　定　元　帳

売　掛　金

①	96,000	③	54,000
②	64,000	④	48,000
		残高	58,000
			(⑤+⑥)

買　掛　金

⑨	59,000	⑦	73,000
⑩	38,000	⑧	57,000
残高	33,000		
(⑪+⑫)			

売掛金元帳
山岸商店

①	96,000	③	54,000
		残高	42,000
			(⑤)

買掛金元帳
五味物産

⑦	73,000	⑨	59,000
		残高	14,000
			(⑪)

苅田商会

②	64,000	④	48,000
		残高	16,000
			(⑥)

寺田商事

⑧	57,000	⑩	38,000
		残高	19,000
			(⑫)

買掛金勘定のかわりに人名勘定を用いる方法もあるが勘定科目が膨大なものになり記帳が煩雑となる。そこで，売掛金勘定・買掛金勘定のもと売掛金元帳と買掛金元帳という補助簿を設け，これらの帳簿に取引先ごとの人名勘定を設ける。売掛金元帳・買掛金元帳は売掛金勘定・買掛金勘定の明細を明らかにする。

（4）貸倒損失と貸倒引当金

売掛金などの債権は，その得意先の倒産などによって回収できなくなることがある。これを貸倒れという。売掛金が貸倒れとなった場合，その金額を**貸倒損失勘定**（費用）の借方に記入し，同額を売掛金勘定の貸方に記入し売掛金を減少させる。仕訳は，以下のようになる。

　　　（借）貸　倒　損　失　　×××　　　（貸）売　　掛　　金　　×××

なお，得意先の債権が減少するので，補助簿の売掛金元帳にも減額分を記入する。

売掛金などの債権は，貸倒れになる危険がともなう。決算にさいし，売掛金などの債権の期末残高に過去の貸倒実績率などに基づいて貸倒れの予想額を見積り，**貸倒引当金**を設定する。

貸倒引当金の設定は，次期以降に発生する恐れのある貸倒れについて，その原因のある当期の費用として計上する必要があるので貸倒引当金繰入勘定（費用）の借方にその予想額を記入し，貸倒引当金勘定（評価勘定）の貸方に同額を記入する。

　　　（借）貸倒引当金繰入　　×××　　　（貸）貸　倒　引　当　金　　×××

売掛金などの債権勘定の借方残高から貸倒引当金の勘定の貸方残高を差引いた差額が実質回収可能な債権の残高を表す。貸倒引当金勘定のように，その勘定残高を他の勘定の残高と関係させることにより，その勘定の正味残高を表す役割を持つ勘定を評価勘定という。

貸倒引当金を設定した翌期において，実際に貸倒れが発生した場合の仕訳は

以下のようになる。

　　　（借）貸 倒 引 当 金　×××　　（貸）売　掛　　金　×××

貸倒引当金の設定額を超えた貸倒れが発生した場合には，以下のように処理する。

　　　（借）貸 倒 引 当 金　×××　　（貸）売　掛　　金　×××
　　　　　　貸 倒 損　失　×××

期末に貸倒引当金を設定するときに前期末の貸倒引当金に残高がある場合，2つの処理方法がある。

① 差額補充法

　　当期の見積額が前期の貸倒引当金残高を上まわる場合，その不足額を貸倒引当金繰入額として計上する。なお，当期の見積額が前期の残高を下回る場合には，貸倒れの見積額を超える額の貸倒引当金を減額し，貸倒引当金戻入勘定（収益）の貸方に記入する。その仕訳は，以下のようになる。

　　　　（借）貸 倒 引 当 金　×××　　（貸）貸倒引当金戻入　×××

② 洗替法

　　前期に設定された貸倒引当金に残高がある場合，この貸倒引当金は前期の費用分であるのでこの残高を貸倒引当金戻入勘定に計上する。そして，改めて当期の貸倒見積額を貸倒引当金に計上する。

例題5－1　次の取引の仕訳を差額補充法により示しなさい。

当期末において，売掛金残高¥1,600,000に対して2％の貸倒引当金を設定する。ただし，貸倒引当金勘定に¥12,000の残高がある。

解答　（借）貸倒引当金繰入　20,000　　（貸）貸 倒 引 当 金　20,000

解説　¥1,600,000×2％－¥12,000（前期残高）＝¥20,000

（5）前払金と前受金

　商品の売買契約を結ぶときに，その代金の一部を手付金もしくは内金として授受することがある。このときに支払った手付金を**前払金**（前渡金），受取ったものを**前受金**という。支払った側は前払金勘定（資産）を設けて，前払額を借方に記入する。受取った側は前受金勘定を設け，受取った金額を貸方側に記入する。

図表5－4　前払金勘定と前受金勘定

手付金を支払った側

前　払　金	
手付金を支払ったとき	実際に商品を仕入れたとき

手付金を受取った側

前　受　金	
実際に商品を売渡したとき	手付金を受取ったとき

例題5－2　以下の取引について仕訳を示しなさい。
　① 斉藤商店は，小野山商店に商品¥500,000を注文し，手付金として小切手を振出して¥100,000を支払った。
　② 斉藤商店は，上記商品を仕入れ，残金を当座預金より小野山商店の当座預金に振込んだ。

解答　①　・斉藤商店
　　　　　（借）前　払　金　　100,000　　（貸）当　座　預　金　　100,000
　　　　　・小野山商店
　　　　　（借）現　　　　金　　100,000　　（貸）前　受　金　　100,000

② ・斉藤商店
　（借）仕　　　　　入　　500,000　　（貸）前　払　金　100,000
　　　　　　　　　　　　　　　　　　　　　当 座 預 金　400,000
　・小野山商店
　（借）前　受　　　金　　100,000　　（貸）売　　　　上　500,000
　　　　当 座 預 金　　400,000

3．主たる営業活動以外の債権債務

（1）未収金と未払金

　主たる営業活動以外の取引，たとえば営業所として利用する土地の購入や不要になった備品の売却などの取引においても債権債務が生じる。このような取引において生じる債権債務は，未収金勘定および未払金勘定が用いられる。

　未収金勘定の借方には，商品以外の土地や有価証券など資産の売却代金の未収額や貸付金利息や受取家賃など用役の未収額のうち，支払期限のきたものが記入される。仕訳は，以下のようになる。

　　（借）未　　収　　金　×××　　（貸）土　　　　地　×××

　未収金勘定の貸方には未収金の回収額が記入され，その仕訳は以下のようになる。

　　（借）現　　　　　金　×××　　（貸）未　　収　　金　×××

　未払金勘定の貸方には，消耗品，有価証券や固定資産などの購入代金の未払額，支払利息や支払家賃の支払期限のきたもの，さらに，支払手数料や修繕費などの用役に対する未払額が記入される。その仕訳は，以下のようになる。

　　（借）消　　耗　　品　×××　　（貸）未　　払　　金　×××

　未払金勘定の借方には，代金の支払いがなされたときに記入される。その仕

訳は，以下のようになる。

（借）未　払　金　×××　　（貸）現　　　　金　×××

図表 5 － 5　未収金勘定と未払金勘定

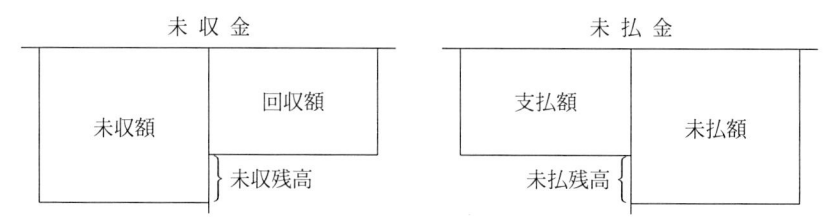

```
        未 収 金                        未 払 金
┌──────────┬──────────┐    ┌──────────┬──────────┐
│          │  回収額  │    │  支払額  │          │
│  未収額  ├──────────┤    ├──────────┤  未払額  │
│          │ 未収残高 │    │ 未払残高 │          │
└──────────┴──────────┘    └──────────┴──────────┘
```

> **例題 5 － 3**　以下の取引について，永瀬商店・菊池商事の両者の仕訳をそれぞれ示しなさい。
> 　永瀬商店は，所有している土地を菊池商事に¥20,000,000で売却し，代金は月末に受取ることとした。その原価は，¥17,500,000である。

解答
・永瀬商店
（借）未　収　金　20,000,000　　（貸）土　　　　地　17,500,000
　　　　　　　　　　　　　　　　　　　固定資産売却益　2,500,000
・菊池商事
（借）土　　　　地　20,000,000　　（貸）未　払　金　20,000,000

4．財務活動に関する債権債務

（1）貸付金と借入金

　企業は経営活動の中で他人に金銭を貸付けたり，金融機関から金銭を借入れたりする。
　金銭を貸付けたときには**貸付金勘定**（資産）を設け，貸付けた額を借方に記入する。仕訳は，以下のようになる。

(借)貸　付　金　×××　　（貸）現　　　金　×××

また，回収したときには貸方に記入する。仕訳は，以下のようになる。

(借)現　　　金　×××　　（貸）貸　付　金　×××

金銭を借入れたときは，**借入金勘定**（負債）を設け，借入れた額を貸方に記入する。仕訳は以下のようになる。

(借)現　　　金　×××　　（貸）借　入　金　×××

借入金を返済したときには借方に記入する。仕訳は，以下のようになる。

(借)借　入　金　×××　　（貸）現　　　金　×××

図表5－6　貸付金勘定と借入金勘定

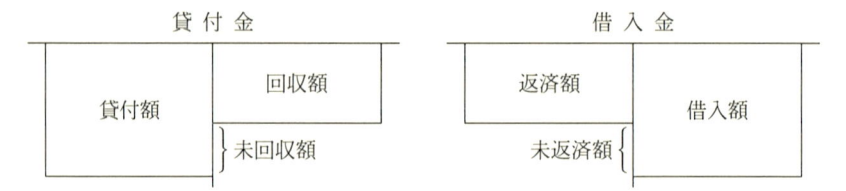

貸　付　金		借　入　金	
貸付額	回収額 未回収額	返済額 未返済額	借入額

> **例題5－4**　以下の取引について西村商事と吉川商店の両者の仕訳を示しなさい。
> 　西村商事は，吉川商店に現金¥500,000を貸付けた。

解答
・西村商事
　（借）貸　付　金　500,000　　（貸）現　　　金　500,000
・吉川商店
　（借）現　　　金　500,000　　（貸）借　入　金　500,000

5．従業員などとの関係

（1）立替金と預り金

　従業員や取引先が負担すべき金額を，一時的に企業が立替える場合がある。このようなとき，**立替金勘定**（資産）を設け，借方に立替え額を記入する。仕訳は，以下のようになる。

　　　（借）立　替　金　×××　　（貸）現　　　金　×××

　また，一時的に金銭を預かる場合もある。給料から引かれる所得税などがこれにあたる。このときは，**預り金勘定**（負債）を設け，貸方に預かった金額を記入する。

　　　（借）現　　　金　×××　　（貸）預　り　金　×××

　これらの勘定は両者ともに一時的なものであり，貸付金や借入金と明確に区別しなければならない。

図表5－7　立替金勘定と預り金勘定

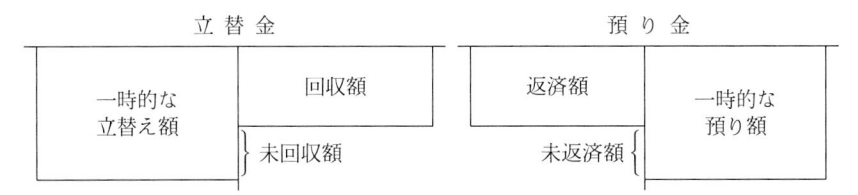

立替金	預り金
一時的な立替え額 ／ 回収額，未回収額	返済額，未返済額 ／ 一時的な預り額

例題5－5　以下の取引の仕訳を示しなさい。
　　6月分給料¥240,000に対して源泉所得税¥6,240を差引いて現金で支払った。

解答　(借) 給　　　料　240,000　　(貸) 現　　　　金　233,760
　　　　　　　　　　　　　　　　　　　　預　り　金　　6,240

6．その他の活動

(1) 仮払金と仮受金

　現金の支出はあったものの，その内容または金額が確定できないような場合がある。このように内容または金額が未確定な現金の支出を仮払金という。また，現金の入金があったもののその入金の内容または金額を確定できないものを仮受金という。

　現金の支出があったものの，その内容または金額が未確定なときは，一時的に仮払金勘定（資産）の借方に記入する。仕訳は，以下のようになる。

　　(借) 仮　払　金　×××　　(貸) 現　　　　金　×××

　また，入金があったもののその内容または金額が確定できないときは，一時的に仮受金勘定（負債）の貸方に記入する。仕訳は，以下のようになる。

　　(借) 現　　　　金　×××　　(貸) 仮　受　金　×××

後日その内容が確定したときに，それぞれ該当する勘定に振替える。

図表5－8　仮払金勘定と仮受金勘定

仮払金	
未確定な支出額	内容と金額が確定

仮受金	
内容と金額が確定	未確定な入金

例題 5 - 6　以下の取引について仕訳を示しなさい。
① 従業員の出張にあたり，旅費の仮払いとして現金￥100,000を渡した。
② 出張中の従業員から，￥540,000の普通預金への振込みがあった。しかし，その内容は，不明である。
③ 従業員が出張から帰り，旅費の残額￥13,000を現金で返金された。なお，普通預金への振込みは，得意先の売掛金の回収であると報告を受けた。

解答　① （借）仮　払　　金　　100,000　　（貸）現　　　　金　　100,000
　　　② （借）普　通　預　金　　540,000　　（貸）仮　受　　金　　540,000
　　　③ （借）現　　　　金　　 13,000　　（貸）仮　払　　金　　100,000
　　　　　　　旅　　　　費　　 87,000
　　　　　　　仮　受　　金　　540,000　　　　　売　掛　　金　　540,000

（2）商品券と他店商品券

　百貨店やチェーン店などが商品券を販売した場合，後日，商品券と引換に商品を引渡す義務が生じる。商品券を販売したとき，その金額を**商品券勘定**（負債）の貸方に記入する。その仕訳は，以下のようになる。

　　　（借）現　　　　金　　×××　　（貸）商　品　　券　　×××

　商品券と引換に商品を販売したときには，売渡した金額を借方に記入し，売上勘定に振替える。仕訳は，以下のようになる。

　　　（借）商　品　　券　　×××　　（貸）売　　　　上　　×××

　また，商品の販売時に他店の商品券を受取った場合には，自社の商品券とは区別し，**他店商品券勘定**（資産）を設け，借方に記入する。仕訳は，以下のようになる。

(借) 他 店 商 品 券　×××　　　（貸）売　　　　上　×××

他店商品券が後日決済されたときに，他店商品券勘定の貸方に記入する。仕訳は，以下のようになる。

(借) 現　　　　金　×××　　　（貸）他 店 商 品 券　×××

図表5－9　他店商品券勘定と商品券勘定

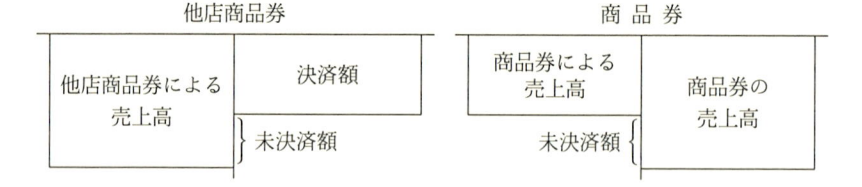

他店商品券	商品券
他店商品券による売上高 ｜ 決済額 ／ 未決済額	商品券による売上高 ／ 未決済額 ｜ 商品券の売上高

例題 5 －7　以下の取引の仕訳を示しなさい。
① 店頭で商品券￥30,000 を現金で販売した。
② 商品￥50,000 を販売し，代金は自社発行商品券￥30,000 と他店商品券￥20,000 を受取った。

解答　① （借）現　　　　金　30,000　　（貸）商　品　券　30,000
　　　② （借）商　品　券　30,000　　（貸）売　　　上　50,000
　　　　　　他 店 商 品 券　20,000

7．債務の保証

取引関係にある他店からの依頼で，債務の連帯保証人になることがある。連帯保証人となった場合，他店が借入金を返済できなくなったとき，もしくは仕入代金が払えなくなったとき，債務を保証した他店のかわりに支払わなければ

ならなくなる。このように一定の条件により履行が求められる債務を**偶発債務**という。このような偶発債務の存在を明らかにしておくため，記録しておかなければならない。その仕訳は，以下のようになる。

　　　（借）保 証 債 務 見 返　　×××　　　（貸）保　証　債　務　　×××

　債務者が債務を履行した場合，もしくは不履行となった場合のどちらにおいても，備忘的な記録は不必要となるので反対仕訳を行って消去する。

　　　（借）保　証　債　務　　×××　　　（貸）保 証 債 務 見 返　　×××

> **例題 5 − 8**　以下の取引の仕訳を示しなさい。
> ①　根岸商事は，石塚商店の金融機関からの借入¥10,000,000 の保証を引き受けた。
> ②　本日，石塚商店から無事借入金の返済が終了した旨の連絡があった。

解答　①　（借）保 証 債 務 見 返　　10,000,000　　（貸）保　証　債　務　10,000,000
　　　②　（借）保　証　債　務　　10,000,000　　（貸）保 証 債 務 見 返　10,000,000

第 6 章

有 価 証 券

1．有価証券の種類と売買

　有価証券には，小切手・手形など（法律上の有価証券）および**国債・地方債・社債・株式**など（簿記上の有価証券）がある。

　企業は，資金運用の一環で有価証券を購入する場合がある。有価証券を購入することで，有価証券自体の価値が上がったり利息や配当を受取ったりすることで収入を得ることが可能となるためである。

　満期まで所有することを目的とした社債やその他の債券を**満期保有目的有価証券**といい，短期的に売買することを目的とした有価証券を**売買目的有価証券**という。取得した場合は，買入手数料などの付随費用を含んだ取得原価を**売買目的有価証券勘定（資産）**の借方に記入し，売却した場合は売買目的有価証券勘定の貸方に記入する。売却した際，取得原価より売却価額が高い場合には，**有価証券売却益勘定（収益）**に，取得原価より売却価額が低い場合には，**有価証券売却損勘定（費用）**にその差額を記入する。

　保有している国債・地方債・社債に関して利息を受取った場合は，**有価証券利息勘定（収益）**または受取利息勘定の貸方に記入する。また保有している株式の配当金を受取った場合には，**受取配当金勘定（収益）**の貸方に記入する。国債・地方債・社債のように定期的に利息が支払われる債券が利払日以外で売却された場合，直前の利払日の翌日から売却日までの期間に利息（**端数利息**）が発生する。この場合，購入側は債券の価額に端数利息を含めた金額を売却側に支払う。購入側は，端数利息を有価証券利息勘定の借方に記入し，次の利払日が到来したら，受取った利息を有価証券利息勘定の貸方に記入する。

図表6−1　有価証券の購入と売却の記帳方法

購　入		売買目的有価証券勘定（資産）の借方
売　却		売買目的有価証券勘定（資産）の貸方
	取得原価＜売却価額	有価証券売却益勘定（収益）の貸方
	取得原価＞売却価額	有価証券売却損勘定（費用）の借方
利　息		有価証券利息勘定（収益）の貸方
配当金		受取配当金勘定（収益）の貸方

例題6−1　次の取引について仕訳を示しなさい。

① 売買目的で大湖商事株式会社の社債（額面総額￥5,000,000，年利率8％）を＠￥96で購入し，代金は現金で支払った。
② 上記の社債につき，半年分の利息を現金で受取った。
③ 上記の社債のうち額面総額￥4,000,000を額面￥100につき￥97で売却し，代金は月末に受取ることとした。
④ 売買目的でBRZ株式会社の株式3,000株を1株につき￥500で買い入れ，代金は小切手を振出して支払った。
⑤ 上記の株式の半分を1株￥600で売却し，代金は現金で受取った。
⑥ 上記の残りの株式につき，￥55,000の配当金を受取り，ただちに当座預金とした。
⑦ 所有している大湖商事株式会社の株式5,000株について，同社から配当金領収証￥300,000が郵送されてきた。

解答

①	（借）売買目的有価証券	4,800,000	（貸）現　　　　　金	4,800,000
②	（借）現　　　　　金	200,000	（貸）有価証券利息	200,000
③	（借）未　　収　　金	3,880,000	（貸）売買目的有価証券	3,840,000
			有価証券売却益	40,000
④	（借）売買目的有価証券	1,500,000	（貸）当　座　預　金	1,500,000
⑤	（借）現　　　　　金	900,000	（貸）売買目的有価証券	750,000
			有価証券売却益	150,000
⑥	（借）当　座　預　金	55,000	（貸）受　取　配　当　金	55,000

⑦ （借）現　　　　金　300,000　（貸）受取配当金　300,000

解説 ① 国債や社債などの額面総額は，額面¥100あたりの金額で示される。したがって，口数は額面総額を¥100で割れば求めることができる。
¥5,000,000÷¥100＝50,000口となり，50,000×@¥96＝¥4,800,000が購入にかかった金額となる。
② 社債の利息の計算は，額面総額に年利率を掛け，月数で按分すればよい。
¥5,000,000（額面総額）×8％（年利率）×6÷12（6カ月）＝¥200,000となる。
有価証券利息は，受取利息でも可。
③ 社債の売却金額から取得原価を差引いた金額が有価証券売却益になる。売却価額＝¥97×¥4,000,000÷¥100＝¥3,880,000
取得原価＝¥96×¥4,000,000÷¥100＝¥3,840,000
④ 売買目的の株式なので，売買目的有価証券勘定で処理する。
⑤ 売買目的有価証券を売却したときには，取得原価と売却価額の差額を有価証券売却益または有価証券売却損で処理する。
⑥ 株式の配当金を受取ったので株式配当金が減少する。
⑦ 株式配当金領収書を受取った場合には，現金の増加となる。

2．有価証券の評価

　売買目的有価証券を決算時に保有している場合は，帳簿価額と期末における時価が一致しない場合がある。そこで，決算時に保有している有価証券を時価で評価（**時価法**）し，帳簿価額を時価に評価替えする場合がある。これに対し，時価が帳簿価額と異なっていても帳簿価額をそのままにしておく方法（**原価法**）もあるが，売買目的有価証券の評価方法は時価法を採用しなければならない。
　時価法で評価替えを行った場合の評価差額は，当期の損益として処理する。時価が帳簿価額（簿価）よりも大きい場合には，その差額を**有価証券評価益勘定**の貸方に記入し，時価が帳簿価額よりも小さい場合には，**有価証券評価損勘定**の借方に記入する。

時価＞帳簿価額の場合

　（借）売買目的有価証券　×××　　（貸）有価証券評価益　×××

時価＜帳簿価額の場合

　（借）有価証券評価損　×××　　（貸）売買目的有価証券　×××

前期末に計上した評価差額は，翌期において**洗替法**か**切放法**のどちらかで処理をする。

図表6－2　洗替法と切放法

洗替法	時価法による**評価差額を翌期首の帳簿価額に加算し取得原価に戻す方法**
切放法	時価法による**期末時価をそのまま翌期の帳簿価額にする方法**

満期保有目的有価証券は，満期保有目的有価証券勘定で処理をし，決算時の評価は取得原価で行う。ただし，債券を額面金額で取得していない場合，その差額が金利調整と関係していると認められれば，その差額を償還期まで一定の方法で取得原価に加減できる。この方法を**償却原価法（定額法）**という。償却原価法（定額法）は，額面と取得原価の差額を期間に応じた**一定額で帳簿価額に毎期配分し，その差額を有価証券利息勘定で処理**する。

図表6－3　有価証券の評価方法

分　　類	評　価　方　法
売買目的有価証券	時価法
1年以内に満期到来する満期保有目的の債券	原価基準または償却原価法
その他の有価証券	時価法（時価のない場合は，株式は取得原価で評価し，債券は取得原価または償却原価法）

> **例題6－2** 次の取引について仕訳を示しなさい。
> ① 決算にあたり，売買目的で所有している大湖商事株式会社の株式（取得原価@¥88,000）50株を@¥85,000（時価）に評価替えする。
> ② 上記の大湖商事株式会社の株式の時価が，翌年度の決算において@¥90,000となったので，評価替えする。

解答 ① （借）有価証券評価損　150,000　　（貸）売買目的有価証券　150,000
② （借）売買目的有価証券　250,000　　（貸）有価証券評価益　250,000

解説 1株あたりの取得原価（帳簿価額）と1株あたりの時価との差額に株式数をかけた金額が有価証券評価益または有価証券評価損となる。評価替えを一度行ったら，その時点でその金額が帳簿価額となることに注意する。

… 63

第7章

手　　形

1．手形の種類

　手形は，将来の一定期日（満期日）に，一定の場所で一定の金額の支払いを約束する有価証券である。企業の仕入・売上活動にともなって生じるため，売掛金や買掛金とともに営業債権や営業債務に含まれる。

図表7－1　約束手形と為替手形

```
No. 10   約束手形  No. BY70                          神奈川 10
                                     支払期日 平成○年11月9日   2011-4
         九場商店　殿                 支払地　横浜市中区
収入                                   支払場所　九場銀行日本支店
印紙     金額    ￥500,000※

         上記金額をあなたまたはあなたの指図人へこの約束手形と引き換えにお支払いいたします
         平成○年12月15日
         振出地　神奈川県横浜市中区○○
         振出人　高田商店
                 高田　繁夫 ㊞
```

```
No. 11   為替手形  No. BY1
         住所　横浜市中区○○
         横浜商店　金城　龍　殿
収入
印紙     金額    ￥600,000※                支払期日 平成○年11月1日
                                              支払地　横浜市中区
                                              支払場所　藻場毛銀行横浜支店
         臣人商店    殿またはその指図人へこの為替手形と
                    引替えに上記金額をお支払いください     引受 平成○年12月8日
         平成○年11月15日    拒絶証書不要           横浜市中区○○
         振出地　神奈川県横浜市中区○○                   横浜商店
         振出人　高田商店                             金城　龍 ㊞
                 高田　繁夫 ㊞
```

手形には，**約束手形**と**為替手形**の2種類がある。約束手形は，手形の債務者となる手形の振出人（支払人）が，手形の債権者となる受取人（名宛人）に，一定期日に手形金額を支払うことを約束した有価証券である。為替手形は，手形の振出人が，支払人（名宛人）に，一定期日に手形金額を受取人（指図人）に支払うことを委任した有価証券である。簿記では，これらの手形を受取った場合は受取手形勘定，振出した場合は支払手形勘定として処理する。

2．手形の処理

（1）約束手形の処理

図表7－2　約束手形の取引関係

```
          仕　入
振出人  ←――――――  受取人
（支払人） ――――――→ （名宛人）
```

約束手形は振出人と受取人の二者間の取引であり，図表7－2のような関係である。はじめに，振出人が受取人から商品を仕入れ，約束手形を振出した場合，以下の仕訳になる。

① 約束手形振出時の仕訳

　　振出人　（借）仕　　入　　×××　　（貸）支払手形　　×××
　　受取人　（借）受取手形　　×××　　（貸）売　　上　　×××

振出人は，手形を振出すことによって手形債務者となり，手形の金額を支払手形勘定（負債勘定）の貸方に記入する。受取人は手形債権者となり，手形の金額を受取手形勘定（資産勘定）の借方に記入する。

次に，手形の満期日になり，振出人が手形代金を支払った場合，以下の仕訳になる。

② 手形代金支払時の仕訳

振出人 （借）支 払 手 形　×××　（貸）当 座 預 金　×××
受取人 （借）当 座 預 金　×××　（貸）受 取 手 形　×××

　手形の決済は，一般的に取引銀行の当座預金口座を通じて行われる。振出人は，手形代金を決済したことで手形債務が消滅するので，支払手形勘定の借方に記入し，当座預金勘定の貸方に記入する。受取人は，回収した手形代金を当座預金勘定の借方に記入して，手形債権が消滅するので，受取手形勘定の貸方に記入する。なお，振出人が現金で決済を行った場合は，当座預金勘定ではなく，現金勘定を使用する。

> **例題7－1**　次の取引に関して，筒香商店と梶谷商店それぞれの仕訳を示しなさい。
> ①　筒香商店は，梶谷商店から商品￥300,000を仕入れ，代金として約束手形￥300,000を振出して支払った。
> ②　梶谷商店は，取引銀行に取立てを依頼しておいた筒香商店振出しの約束手形￥300,000が当座預金に入金された旨の通知を受けた。

解答　①　約束手形振出時の仕訳
　　　　　筒香商店　（借）仕　　　入　　300,000　（貸）支 払 手 形　300,000
　　　　　梶谷商店　（借）受 取 手 形　300,000　（貸）売　　　上　　300,000
　　②　手形代金決済時の仕訳
　　　　　筒香商店　（借）支 払 手 形　300,000　（貸）当 座 預 金　300,000
　　　　　梶谷商店　（借）当 座 預 金　300,000　（貸）受 取 手 形　300,000

解説　①　約束手形の仕訳は，支払手形勘定・受取手形勘定を用いて行う。
　　　②　実際に入金が確認された時点で仕訳を行う。ここでは取引銀行を通じて決済されているため，筒香商店は当座預金の減少となる。

(2) 為替手形の処理

為替手形は振出人，支払人，受取人の三者間の取引関係であり，図表7－3のような関係である。

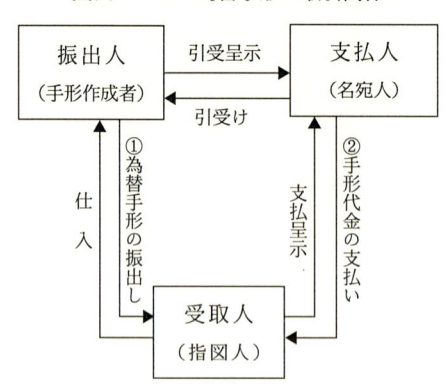

図表7－3　為替手形の取引関係

```
       引受呈示
振出人 ─────────→ 支払人
(手形作成者) ←───── (名宛人)
   ↑      引受け       ↑
   │①為替手形の振出し  │②手形代金の支払い
 仕│                    │支
 入│                    │払
   │                    │呈
   │                    │示
   │     受取人         │
   └──  (指図人)  ──┘
```

振出人（手形作成者）は受取人（指図人）となる人物から商品の仕入れを行い，為替手形を振出す。為替手形では，手形代金を支払うのは支払人（名宛人）である。そのため，振出人は為替手形を振出す前に，支払人に引受呈示をして，引受けの了承を得る必要がある。受取人が為替手形を受取り，支払提示を行い，支払人が受取人に手形代金の支払いを行うことで，為替取引は終了する。

まず，振出人が受取人から仕入れを行い，為替手形を振出したときは，それぞれ以下の仕訳になる。

① 為替手形振出時の仕訳

　　振出人　(借) 仕　　　入　×××　(貸) 売　掛　金　×××
　　支払人　(借) 買　掛　金　×××　(貸) 支 払 手 形　×××
　　受取人　(借) 受 取 手 形　×××　(貸) 売　　　上　×××

この仕訳では，振出人は売掛金勘定の減少，支払人は買掛金勘定の減少として処理されている。為替手形の取引では，当該の為替手形の取引以前に振出人と支払人との間に債権債務関係が生じていたということが前提となっている。ここでの振出人の売掛金は支払人に対するもので，支払人の買掛金は振出人に対するものである。つまり，振出人は支払人に対する債権を減少させ，為替手形を引受けてもらうことで，支払人に受取人への支払いを行ってもらう。支払人は手形を引受けることで，振出人に対する債務は減少するが，支払手形という債務が増加する。支払人にとって，債務の支払先が振出人から受取人に変更されるということを示している。

　受取人は，振出人に対して商品を売上げ，その対価として為替手形を受入れるので受取手形勘定の借方に記入する。

　次に満期日が到来し支払人が手形代金を支払ったとき，以下の仕訳になる。

② 手形代金決済時の仕訳

　　　支払人　（借）支 払 手 形　×××　（貸）当 座 預 金　×××
　　　受取人　（借）当 座 預 金　×××　（貸）受 取 手 形　×××

　為替手形の決済は，支払人と受取人の間で行われる。振出人は手形債務が発生していないため，決済時に仕訳を行う必要はない。

例題7－2　次の取引に関して，下園商店・松本商店・多村商店それぞれの仕訳を示しなさい。
① 下園商店は，松本商店に商品¥600,000を掛で売渡した。
② 下園商店は，多村商店より商品¥600,000を仕入れ，代金は売掛金のある松本商店宛の為替手形を振出すこととし，同店の引受けを得て多村商店に渡した。
③ 多村商店は，取立てを依頼しておいた下園商店振出しの為替手形¥600,000が当座預金に入金された旨の通知を取引銀行から受けた。

解答 ① 掛仕入時の仕訳
　　　　下園商店　（借）売　掛　金　600,000　　（貸）売　　　上　600,000
　　　　松本商店　（借）仕　　　入　600,000　　（貸）買　掛　金　600,000
　　② 為替手形振出時の仕訳
　　　　下園商店　（借）仕　　　入　600,000　　（貸）売　掛　金　600,000
　　　　松本商店　（借）買　掛　金　600,000　　（貸）支 払 手 形　600,000
　　　　多村商店　（借）受 取 手 形　600,000　　（貸）売　　　上　600,000
　　③ 手形代金決済時の仕訳
　　　　松本商店　（借）支 払 手 形　600,000　　（貸）当 座 預 金　600,000
　　　　多村商店　（借）当 座 預 金　600,000　　（貸）受 取 手 形　600,000

解説　① 通常の掛の取引である。
　　② 為替手形の場合，振出人と支払人との間では債権債務の相殺が行われるので，手形債務は支払人に発生する。
　　③ 手形代金の決済は，手形債務者である支払人と手形債権者である受取人との間で行われるので，振出人は仕訳を行う必要はない。

（3）特殊な為替手形

　通常の為替手形は，振出人，支払人，受取人の関係で説明されるが，この条件に合致しない特殊な為替手形がある。
　自己宛為替手形では，振出人と支払人が同一人物となる。振出人と支払人が同一であるため，約束手形と類似の効果を持つ。
　自己指図為替手形（自己受為替手形）では，振出人と受取人が同一となる。振出人は自らを受取人とするので，この手形は得意先に対する売掛金などの債権をより強力に回収するために利用される。

3．手形の裏書譲渡と割引

（1）手形の裏書譲渡

　手形は，現金の代わりに支払手段として利用することができる。**手形の裏書**

図表7－4　手形の裏書

```
表記金額を下記被裏書人またはその指図人へお支払いください

                                          拒絶証書不要
平成○年1月11日
住所　東京都文京区
　　　臣人商店
　　　原　辰夫　㊞
　　　（目的）
------------------------------------------------------------
被裏書人　｜　赤鯉商店                                    殿
```

譲渡とは，手形の裏面に署名・押印し，取引相手などに直接譲り渡すことである。

商品などを仕入れたときに，手持ちの手形を取引相手に裏書譲渡した側（裏書人）と裏書譲渡された側（被裏書人）の仕訳は以下のようになる。

＜裏書譲渡時の仕訳＞

　　　裏書人　　（借）仕　　　　入　×××　（貸）受 取 手 形　×××
　　　被裏書人　（借）受 取 手 形　×××　（貸）売　　　　上　×××

裏書人は，所有している手形を裏書譲渡したので，受取手形勘定（資産勘定）の減少として処理する。

> **例題7－3**　次の取引に関して，桑原商店・乙坂商店の仕訳を示しなさい。
> 　　桑原商店は，乙坂商店から商品¥330,000を仕入れた。この代金のうち¥300,000に関しては，所有していた約束手形を裏書譲渡し，残金は掛とした。

解答	桑原商店	（借）仕 入	330,000		（貸）受 取 手 形	300,000		
					買 掛 金	30,000		
	乙坂商店	（借）受 取 手 形	300,000		（貸）売　　　上	330,000		
		売 掛 金	30,000					

解説　桑原商店は，手形を振出していないので，受取手形の減少として処理する。

（2）手形の割引

手形の割引は，裏書譲渡の一種で，満期日前の手形を銀行などの金融機関に持ち込むことで，資金の融通を受けることである。金融機関は，満期日前の現金化に応じる見返りとして，手形を割引いた日から満期日までの期間に相当する利息を割引料として手形金額から差引き，残額を当座預金に振込む。

手形の所持者が，所有している手形を銀行で割引いた場合，以下の仕訳となる。

＜割引時の仕訳＞

　　　所持者　（借）当 座 預 金　　×××　　　（貸）受 取 手 形　　×××
　　　　　　　　　　手形売却損　　×××

手形の割引は，手形の売却と考えられるため，割引料は手形売却損勘定で処理する。

例題 7 － 4　次の取引の仕訳を示しなさい。
　　　井出商店は，荒波商店より受取っていた約束手形￥704,000 を取引銀行で割引き，割引料￥4,000 を差引かれ残金を当座預金とした。

解答　井出商店　（借）当 座 預 金　　700,000　　（貸）受 取 手 形　　704,000
　　　　　　　　　　手形売却損　　　4,000

解説 割引料は，手形売却損勘定で処理する。

　これまでの支払手形勘定と受取手形勘定の記入内容をまとめると以下のようになる。

図表7－5　支払手形勘定と受取手形勘定の記入内容

支払手形		受取手形	
手形金額の支払い	約束手形の振出し 為替手形の引受け	約束手形の受取り 為替手形の受取り	手形の金額の受取り 手形を裏書譲渡したとき 手形を割引いたとき

4．手形取引の記帳

（1）受取手形記入帳

　手形取引が発生すると仕訳が行われ，総勘定元帳へ転記される。主要簿に記載される情報は，財務諸表の作成に必要となる勘定科目に集約されている。そのため，個々の手形を厳密に管理するためには，より詳細な情報を記録しておく必要がある。

　受取手形記入帳は，手形債権の発生順に手形種類，手形番号，振出日，満期日などの明細を記録する補助簿である。図表7－6は標準的な受取手形記入帳の雛形である。

　受取手形記入帳の借方は，すべて受取手形なので，摘要欄は，売掛金，売上など貸方の相手勘定科目を記入する。手形種類欄には，約束手形は約手，為替手形は為手と記入する。為替手形の場合は，支払人と振出人が異なるので注意して記入する。顛末欄の摘要は，満期日到来による決済，裏書，割引などの受取手形の減少理由を記入する。

図表 7 − 6　受取手形記入帳

平成○年	摘要	金額	手形種類	手形番号	支払人	振出人または裏書人	振出日 月 日	満期日 月 日	支払場所	顚末 月 日	摘要

> **例題 7 − 5**　次の取引を仕訳し，受取手形記入帳に記入しなさい。
>
> 10 月 10 日　久保商店に商品￥900,000 を売渡し，代金は全額同店振出しの約束手形（#27）で受取った（振出日；10 月 10 日，満期日；10 月 31 日，支払場所；横浜銀行）。
>
> 10 月 13 日　長田商店に対する売掛金￥300,000 に関して，同店振出しで，国吉商店宛の為替手形（#65）を受取った（振出日；10 月 13 日，満期日；11 月 29 日，支払場所；神奈川銀行）。
>
> 10 月 18 日　長田商店から受取った為替手形（#65）￥300,000 を割引き，割引料￥2,000 を差引かれ，残金は当座預金とした。
>
> 10 月 31 日　久保商店振出しの約束手形（#27）の入金がなされた旨の通知を取引銀行より受けた。

解答　10 月 10 日　（借）受 取 手 形　900,000　　（貸）売　　　　上　900,000
　　　　　 13 日　（借）受 取 手 形　300,000　　（貸）売　掛　金　300,000
　　　　　 18 日　（借）当 座 預 金　298,000　　（貸）受 取 手 形　300,000
　　　　　　　　　　　 手形売却損　　2,000
　　　　　 31 日　（借）当 座 預 金　900,000　　（貸）受 取 手 形　900,000

平成○年		摘要	金額	手形種類	手形番号	支払人	振出人または裏書人	振出日 月	日	満期日 月	日	支払場所	顚末 月	日	摘要
10	10	売　上	900,000	約手	27	久保商店	久保商店	10	10	10	31	横浜銀行	10	31	入金
	13	売掛金	300,000	為手	65	国吉商店	長田商店	10	13	11	29	神奈川銀行	10	18	割引

解説　受取手形記入帳に記入すべき内容を問題文から読み取る。為替手形を受取った場合，振出人と支払人が異なることに注意する。顛末欄は，手形債権が消滅した時点で記入する。

（2）支払手形記入帳

支払手形記入帳は，受取手形記入帳と同様に手形の明細を記録する補助簿である。図表7－7は，標準的な支払手形記入帳の雛形である。

図表7－7　支払手形記入帳

平成○年	摘要	金額	手形種類	手形番号	受取人	振出人	振出日 月 日	満期日 月 日	支払場所	顛　末 月 日 摘要

支払手形記入帳の貸方は，すべて支払手形なので，摘要欄は，買掛金，仕入など借方の相手勘定科目を記入する。顛末欄の摘要は，満期日到来による決済など，支払手形の減少理由を記入する。

5．金融手形の処理

（1）金融手形

これまで説明した手形は，企業の営業活動にともなって発生するものである。これを商業手形という。しかし，金銭の貸借を目的として，借用証書の代わりに，約束手形や為替手形が振出されることがある。これを**金融手形**という。

（2）手形貸付金と手形借入金

金融手形は，商業手形と異なり金銭の貸借を目的としている。そのため，商業手形とは異なり，**手形貸付金勘定**（資産勘定）と**手形借入金勘定**（負債勘定）で処理する。約束手形によって金銭を貸付けた場合，以下の仕訳になる。

```
貸付人 （借）手形貸付金   ×××      （貸）現　　　金   ×××
借入人 （借）現　　　金   ×××      （貸）手形借入金   ×××
```

> **例題 7－6**　次の取引の仕訳を示しなさい。
> ① 山口商店に¥1,500,000を貸付け，同店振出しの約束手形（#11）を受取った。なお，利息¥2,000を差引いた残額は小切手で支払った。
> ② 銀行から¥2,800,000を借入れ，同額の約束手形（#12）を振出した。なお，利息¥10,000を差引かれた手取金は当座預金とした。

解答　① （借）手形貸付金　1,500,000　　（貸）当座預金　1,498,000
　　　　　　　　　　　　　　　　　　　　　　　受取利息　　　2,000
　　　　② （借）当座預金　2,790,000　　（貸）手形借入金　2,800,000
　　　　　　　支払利息　　　10,000

解説　金銭の貸借を目的として手形の授受が行われているので，手形貸付金勘定・手形借入金勘定で仕訳する。

6．手形の更改

　手形の更改は，満期日になっても手形代金の支払いができないために，約束手形の振出人や為替手形の支払人が，手形受取人の了承を得て支払期日を延期してもらうことである。手形には満期日が記入されているため，手形を更改する場合は旧手形を回収し，新手形を振出す。期日延期にともなう利息の処理は，①直接授受する方法と，②新手形の金額に加算する方法があり，以下の仕訳になる。

① 利息を直接授受する方法（受取人の仕訳）

（借）受取手形（新手形）　×××　（貸）受取手形（旧手形）　×××
　　　現　　　金　　　　　×××　　　　受取利息　　　　　　×××

② 新手形の金額に加算する方法（受取人の仕訳）

（借）受取手形（新手形）　×××　（貸）受取手形（旧手形）　×××
　　　　　　　　　　　　　　　　　　　　受取利息　　　　　　×××

例題7－7　次の①，②の仕訳を示しなさい。
　約束手形¥600,000について，手形の更改を受諾した。なお，期日の延期にともなう利息¥10,000は①現金で受取った。②新手形の金額に加算した。

解答　①　（借）受 取 手 形　600,000　（貸）受 取 手 形　600,000
　　　　　　　　現　　　　金　 10,000　　　　受 取 利 息　 10,000
　　　②　（借）受 取 手 形　610,000　（貸）受 取 手 形　600,000
　　　　　　　　　　　　　　　　　　　　　　受 取 利 息　 10,000

解説　問題文が期日延期にともなう利息をどのように処理するよう指示しているのか読取る。

第8章 固定資産

1．固定資産の分類

（1）固定資産の種類と内容

　固定資産とは，企業の経営活動を行う上で，長期（1年超）にわたって使用または利用される資産をいい，形態別によって①有形固定資産，②無形固定資産，③投資その他の資産に分類される。

種類	内容	具体例
有形固定資産	具体的な形を有する資産で，長期にわたって営業に使用する資産	建物・備品・車両運搬具・機械装置・土地など
無形固定資産	具体的な形を持たないが，長期にわたって営業に利用される法律上の権利およびのれん	特許権・商標権・意匠権・のれんなど
投資その他の資産	長期にわたって利殖を目的として所有する資産，または，その他長期にわたって使用する資産で他の資産の分類に属さないもの	満期保有目的債権・長期貸付金・長期前払費用など

　有形固定資産は，固定資産の一種で，固定資産の中で具体的な形体を持つ資産をいう。具体的には，土地や建物，備品，車両運搬具などである。
　無形固定資産とは，その名の通り，形のない資産である。長期間にわたって経営活動に利用されるもので，具体的には，法的権利を示す特許権，商標権などを指す。

(2) 固定資産の取得

固定資産を購入したときは，各勘定の借方にその取得原価を記入する。取得原価には，固定資産に対して支払う購入代価にその取得にともなう付随費用を含める。付随費用とは，購入手数料，売買手数料，引取運賃などである。

取得原価＝購入代価＋付随費用

固定資産の勘定には，建物，備品，土地，車両運搬具などがある。資産を取得したときは，借方に記入する。

（借）建　　　物　×××　　（貸）当座預金など　×××

例題 8 － 1　次の取引の仕訳を示しなさい。
　店舗用の建物を¥100,000で購入し，仲介手数料および登記料¥40,000とともに小切手を振出して支払った。

解答　（借）建　　　物　140,000　　（貸）当　座　預　金　140,000

解説　購入代価に付随費用（仲介手数料・登記料）を加えて取得原価を算出し，この金額を該当する勘定の借方に記入する。

(3) 資本的支出と収益的支出

資本的支出は，固定資産の価値や機能を増加させたり，耐用年数を延長させる支出をいう。資本的支出は，その固定資産の取得原価に算入するため，固定資産の勘定で処理する。

収益的支出は，固定資産の破損箇所の復元や部品交換など，現状回復や現状維持のための支出をいう。収益的支出は，その支出が行われた会計期間の費用として処理するため，費用勘定で処理する。

資本的支出

 （借）建　　物　×××　　（貸）当座預金など　×××

収益的支出

 （借）修 繕 費 な ど　×××　　（貸）当座預金など　×××

> **例題 8 － 2**　次の取引の仕訳を示しなさい。
> 群馬商店は，店舗内の階段からエスカレーターへの切替工事￥200,000 と，エスカレーターの定期点検をした際に見つかった故障箇所の修理￥50,000 を行い，その代金は小切手を振出して支払った。

解答　（借）建　　物　200,000　　（貸）当 座 預 金　200,000
   （借）修 繕 費　　50,000　　（貸）当 座 預 金　　50,000

解説　階段をエスカレーターにするための支出は，改良（価値の向上）のための支出であり，資本的支出となる。エスカレーターの故障箇所を修理するための支出は，正常に動作（現状を維持）するための支出であり，収益的支出となる。

2．減価償却

（1）減価償却の計算

　土地を除く固定資産は，使用や時の経過などによって価値が減耗し，最終的には使用できなくなる。このような価値の減少を減価といい，この減価を認識し，各年度の減価額を見積計算し，固定資産の帳簿価額から費用として控除する手続を**減価償却**という。控除した費用は，減価償却費となる。

　減価償却の計算方法には，定額法，定率法，生産高比例法などがあるが，ここでは定額法について述べる。

● 定額法…毎期一定額の減価償却費を計上する方法

　　減価償却費＝(取得原価－残存価額)÷耐用年数

（2）減価償却の記帳方法

減価償却の記帳方法は2つあり，直接法と間接法である。

① 直接法

直接法は，減価償却累計額勘定を使わずに，減価償却額を固定資産の勘定から直接控除する方法である。

　　（借）減価償却費　×××　　（貸）建　　　物　×××

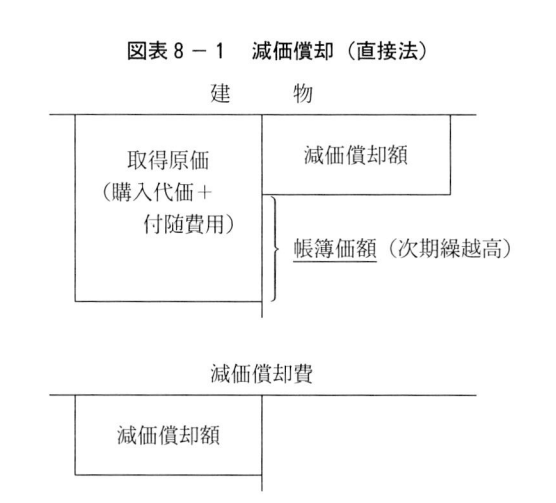

図表8－1　減価償却（直接法）

```
          建      物
┌─────────────┬─────────────┐
│   取得原価   │   減価償却額  │
│ (購入代価＋  ├─────────────┤
│   付随費用)  │ 帳簿価額(次期繰越高)│
└─────────────┴─────────────┘

         減価償却費
┌─────────────┐
│   減価償却額  │
└─────────────┘
```

② 間接法

間接法は，減価償却累計額勘定を設定し，固定資産の勘定から直接控除しない方法である。減価償却累計額勘定の残高は，それまでの減価償却の累計を示している。また減価償却累計額勘定を，当該固定資産勘定から控除することで，未償却残高を示すことになる。

（借）減 価 償 却 費　×××　　（貸）減価償却累計額　×××

図表8－2　減価償却（間接法）

建　物
| 取得原価 |

減価償却累計額
| 前期繰越高 |
| 当期計上分 |

減 価 償 却 費
| 当期計上分 |

> **例題8－3**　次の取引の仕訳を示しなさい。
> 　　建物（取得原価￥500,000，残存価額は取得原価の10％，耐用年数5年）を減価償却（定額法）した。①直接法，②間接法それぞれの仕訳を示しなさい。

解答　①　（借）減 価 償 却 費　90,000　　（貸）建　　　　　　物　90,000
　　　　②　（借）減 価 償 却 費　90,000　　（貸）建物減価償却累計額　90,000

解説

$$当期減価償却費￥90,000 = \frac{500,000-(500,000\times0.1)}{5}$$

3．固定資産の売却

　固定資産は長期間使用することを目的として取得されるが，途中で売却されることもある。固定資産を売却したときに，売却価額と帳簿価額に差額がある場合，その差額を固定資産売却損益として処理する。

　売却額が帳簿価額より大きい場合，売却益が発生しているため，その差額を固定資産売却益勘定の貸方に記入する。売却額が帳簿価額より小さい場合，売却損が発生しているため，その差額を固定資産売却損勘定の借方に記入する。

●直接法
　① 売却額＞帳簿価額

　　　　（借）未 収 金 な ど　×××　　（貸）建　　　　　物　×××
　　　　　　　　　　　　　　　　　　　　　　固定資産売却益　×××

　② 売却額＜帳簿価額

　　　　（借）未 収 金 な ど　×××　　（貸）建　　　　　物　×××
　　　　　　　固定資産売却損　×××

●間接法
　① 売却額＞帳簿価額

　　　　（借）未 収 金 な ど×××　　（貸）建　　　　　物 ×××
　　　　　　　建物減価償却累計額 ×××　　　　固定資産売却益 ×××

② 売却額＜帳簿価額

　　（借）未 収 金 な ど ×××　（貸）建　　　　　物 ×××
　　　　　建物減価償却累計額 ×××
　　　　　固 定 資 産 売 却 損 ×××

> **例題 8 － 4**　次の取引の仕訳を示しなさい。
> 　営業用自動車（取得原価￥250,000，減価償却累計額￥150,000）を￥150,000で売却し，代金は現金で受取った。

解答　（借）減価償却累計額　150,000　　（貸）車 両 運 搬 具　250,000
　　　　　　現　　　　金　150,000　　　　　固定資産売却益　 50,000

解説　車両運搬具勘定は，間接法で記帳する場合，取得原価と減価償却累計額をそれぞれ減額する。売却額が帳簿価額より多いため，この差額は固定資産売却益となる。

第9章 資本金

1．資本金勘定

　企業の活動資金（元手）を資本といい，個人企業においては，資本の増減を**資本金勘定**（純資産）によって処理する。資本金を増減させる取引には，①開業時の元入れ，②追加元入れ，③引出し，④純損益の振替がある。追加元入れとは，事業主が開業以降に企業規模を拡張するため等の理由によって，企業に追加投資を行うことである。資本の引出しとは，事業主が私用のために，企業の現金等を利用することである。純損益の振替とは，決算において算定された純損益を企業の資本を増減させるものとして，資本金に振替えることである。これは，純利益は元手の増加であり，純損失は元手の減少としてとらえるからである。本章では，個人企業における資本金の処理について取り扱う。

資　本　金

資本の減少	資本の増加
・引出し ・当期純損失	・元入れ ・追加元入れ ・当期純利益

2．資本金勘定の基本処理

（1）資本金勘定の増加取引

　企業活動を行うためには元手が必要となり，企業の設立時には，事業主により元手が払込まれる。また，設立後であっても，企業内部に資金が不足し，追

加の資本が投入されることがある。この資本の元入れや追加元入れの際に，資本金勘定が増加するので，資本金勘定の貸方に記入する。たとえば，事業主が現金を元入れした場合，以下の仕訳となる。

　　　（借）現　　　金　×××　　　（貸）資　本　金　×××

なお，元入れや追加元入れは現金だけに限らず，土地や備品などで行われる場合もある。土地と備品によって元入れを行った際の仕訳は以下のようになる。

　　　（借）土　　　地　×××　　　（貸）資　本　金　×××
　　　　　　備　　　品　×××

元入れ以外にも資本金が増加する場合がある。それは当期純利益を計上するときである。決算において，当期純利益が計上された場合，資本金が増加する。この場合，以下のような仕訳になる。

　　　（借）損　　　益　×××　　　（貸）資　本　金　×××

> **例題9－1**　次の取引の仕訳を示しなさい。
> ①　あっぴー商店は，現金￥500,000を元入れし，開業した。
> ②　グンマちゃん商店は，現金￥200,000を追加元入れした。
> ③　ハニポン商店は，現金￥500,000と備品￥300,000を元入れし，事業を始めた。
> ④　フッカちゃん商店は，決算にあたり，当期純利益￥80,000を損益勘定から資本金勘定へ振替えた。

解答　①　（借）現　　　金　500,000　　（貸）資　本　金　500,000
　　　　②　（借）現　　　金　200,000　　（貸）資　本　金　200,000
　　　　③　（借）現　　　金　500,000　　（貸）資　本　金　800,000
　　　　　　　　　備　　　品　300,000
　　　　④　（借）損　　　益　 80,000　　（貸）資　本　金　 80,000

解説　資本の元入れ，追加元入れをする際は，資本金勘定を貸方記入する。また，決算時に当期純利益が計上される場合も，資本金勘定の貸方に記入する。

（2）資本金勘定の減少取引

　個人企業の場合，事業主が事業とは無関係に，事業主個人または家族のために企業の資金より支出をする場合がある。このように，事業目的ではなく企業主の私的な目的のために企業財産を消費することを，資本の引出しという。資本の引出しを行った場合に資本金が減少する。事業主が私用目的で現金を引出した場合，次のような仕訳になる。

　　　（借）資　本　金　×××　　　（貸）現　　　金　×××

　また，決算時に当期純損失が発生した時にも資本金を減少させる。その際の仕訳は以下のようになる。

　　　（借）資　本　金　×××　　　（貸）損　　　益　×××

例題 9 － 2　次の取引の仕訳を示しなさい。
① フカヤ商店は，私用のため，現金￥20,000を引出した。
② グンマ商店は，私用のため，商品￥3,000を消費した。
③ アゲオ商店は，決算にあたり，当期純損失￥30,000を損益勘定から資本金勘定へ振替えた。

解答　① （借）資　本　金　20,000　　（貸）現　　　金　20,000
　　　② （借）資　本　金　　3,000　　（貸）仕　　　入　　3,000
　　　③ （借）資　本　金　30,000　　（貸）損　　　益　30,000

解説　事業主が私用のために企業財産を利用する場合，資本金勘定の借方に記入する。また，当期純損失が計上された場合も資本金勘定の借方に記入する。

3．引出金

　資本の引出しが頻繁に行われる場合，資本金勘定に記帳せず，**引出金勘定**が利用されることがある。引出金勘定を利用する場合，資本の引出し額を引出金勘定の借方に記入する。そして，決算において，引出金勘定の残高を資本金勘定の借方へ振替える必要がある。その際の仕訳は次のようになる。

　　　（借）資　本　金　　×××　　　（貸）引　出　金　　×××

例題 9 － 3　次の取引の仕訳を示しなさい。なお，資本金勘定の他に引出金勘定を設けて処理する。
　①　事業主は，私用で現金¥10,000 を引出した。
　②　事業主は，決算にあたり，引出金勘定の残高¥35,000 を資本金勘定に振替えた。

解答　①　（借）引　出　金　　10,000　　（貸）現　　　金　　10,000
　　　　②　（借）資　本　金　　35,000　　（貸）引　出　金　　35,000

解説　引出金勘定を設定している場合，決算に引出金勘定の残高を資本金勘定に振替える。

第10章

経 過 勘 定

1．費用・収益の繰延べと見越し

　期中に記録・集計された費用と収益の諸勘定は，決算のときに損益勘定に振替えて，純損益を計算する。しかし当期の費用と収益として計上されたものの中には，次期以降に属する分が含まれている場合がある。また，収入や支出がないために記入がされていなくても，当期の費用や収益として計上しなければならない場合がある。適正な当期損益を計算するためには，次期以降に属する費用と収益は，当期の損益計算から除外する必要がある。これを**費用・収益の繰延べ**という。また，当期に属する費用と収益に足りない部分を，当期の損益計算に含める必要がある。これを**費用・収益の見越し**という。

　費用・収益の見越しと繰延べの処理のために設けられる勘定は，期末に一時経過的に設けられるので，これを経過勘定という。

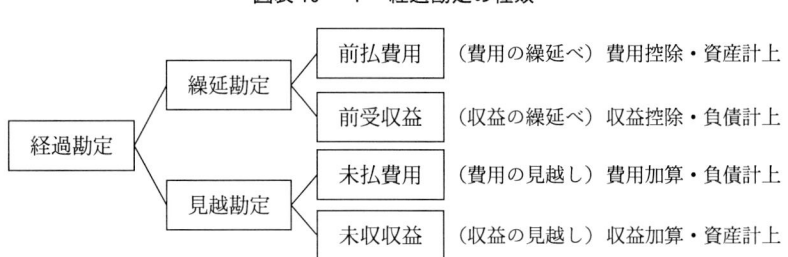

図表10－1　経過勘定の種類

経過勘定	繰延勘定	前払費用	（費用の繰延べ）費用控除・資産計上
		前受収益	（収益の繰延べ）収益控除・負債計上
	見越勘定	未払費用	（費用の見越し）費用加算・負債計上
		未収収益	（収益の見越し）収益加算・資産計上

2．費用の繰延べ

　地代や保険料などの当期の費用として支払った金額には，次期以降の費用に属する部分が含まれることがある。この場合，決算にあたり，これらの費用の勘定からその部分を差引き，前払地代，前払保険料などの資産勘定を設けて，その勘定の借方に記入する。これを**費用の繰延べ**という。

　このように資産として，次期に繰越す前払分を前払費用という。前払費用は，次期に当該費用勘定に再振替する。

例題10－1　次の取引を仕訳するとともに転記しなさい。
① 　6月 1日　1年分の地代￥100,000を現金で支払った。
② 12月31日　決算にあたり，上記の地代のうち前払分￥50,000を次期に繰延べた。
③ 12月31日　地代の当期分￥50,000を損益勘定に振替えた。
④ 　1月 1日　前払地代￥50,000を地代勘定に再振替した。

解答
① （借）地　　　代　100,000　（貸）現　　　金　100,000
② （借）前 払 地 代　 50,000　（貸）地　　　代　 50,000
③ （借）損　　　益　 50,000　（貸）地　　　代　 50,000
④ （借）地　　　代　 50,000　（貸）前 払 地 代　 50,000

地　　代

6/1	現　金	100,000	12/31	前払地代	50,000
			〃	損　益	50,000
		100,000			100,000
1/1	前払地代	50,000			

前 払 地 代

12/31	地　代	50,000	12/31	次期繰越	50,000
1/1	前期繰越	50,000	1/1	地　代	50,000

解説 上記の取引を図で示すと以下のようになる。

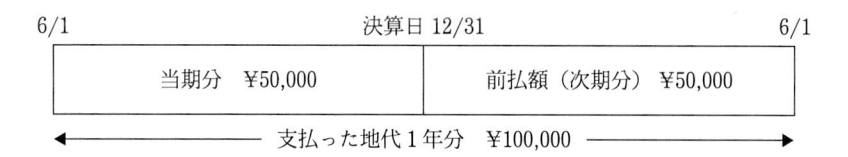

```
6/1                    決算日 12/31                    6/1
┌──────────────────────┬──────────────────────────┐
│   当期分 ¥50,000      │  前払額（次期分） ¥50,000  │
└──────────────────────┴──────────────────────────┘
←────────── 支払った地代1年分 ¥100,000 ──────────→
```

　　支払った地代（1年分）の6カ月分は，次期分として地代勘定から前払地代勘定（資産）の借方に振替える。

　費用の繰延べは，消耗品の未使用分についても同様に行われる。消耗品についての簿記の処理は，2つの方法がある。①購入時に消耗品費勘定（費用）の借方に記入し，決算時に未使用分を消耗品費勘定から差引き，消耗品勘定（資産）で繰延べる方法と，②購入時に消耗品勘定（資産）の借方に記入し，決算時に使用分を消耗品費勘定（費用）に振替える方法がある。②の場合は，次期の再振替仕訳は行わない。

例題 10－2 次の取引を，購入時に消耗品費勘定で処理する方法で仕訳するとともにそれぞれの勘定に転記しなさい。

① 4月 1日 事務用の文房具¥50,000を買い入れ，代金を現金で支払った。
② 12月31日 決算にあたり，消耗品の未使用分¥30,000を次期に繰延べた。
③ 12月31日 消耗品費の当期分¥20,000を損益勘定に振替えた。
④ 1月 1日 消耗品¥30,000を消耗品費勘定に再振替した。

解答
① （借）消 耗 品 費　50,000　（貸）現　　　金　50,000
② （借）消 耗 品　　30,000　（貸）消 耗 品 費　30,000
③ （借）損　　　益　20,000　（貸）消 耗 品 費　20,000
④ （借）消 耗 品 費　30,000　（貸）消 耗 品　　30,000

消耗品費

4/1	現 金	50,000	12/31	消 耗 品	30,000
			〃	損 益	20,000
		50,000			50,000
1/1	消 耗 品	20,000			

消 耗 品

12/31	消耗品費	30,000	12/31	次期繰越	30,000
1/1	前期繰越	30,000	1/1	消耗品費	30,000

解説 消耗品￥50,000を買入れたときに，費用として消耗品費勘定に記入する。決算時に，未使用分￥30,000は消耗品勘定（資産）へ振替える。消耗品勘定の残高は￥20,000となり，当期の消耗品費を示す。
　この例題を②の方法で処理すると仕訳は以下になる。この方法では翌期の再振替仕訳を行わない。

②の方法による仕訳
① （借）消 耗 品　　50,000　　（貸）現　　　金　　50,000
② （借）消耗品費　　20,000　　（貸）消 耗 品　　20,000
③ （借）損　　益　　20,000　　（貸）消耗品費　　20,000
④ 仕訳なし

3．収益の繰延べ

　受取利息や受取家賃などの当期の収益として受取った金額には，次期以降の収益に属する部分を含むことがある。この場合，決算にあたり，これらの収益の勘定からその部分を差引き，前受利息，前受家賃などの負債勘定を設けて，貸方に記入する。これを**収益の繰延べ**という。このように負債として，次期に繰延べる前受分を前受収益という。前受収益は，次期に当該収益勘定に再振替する。

例題 10－3　次の取引を仕訳するとともに転記しなさい。

① 11月 1日　月額￥90,000の家賃で店舗を賃貸することになり，家賃3カ月分を現金で受取った。
② 12月31日　決算にあたり，上記の家賃のうち前受分を時期に繰延べた。
③ 12月31日　受取家賃の当期分を損益勘定に振替えた。
④ 1月 1日　前受家賃を受取家賃勘定に再振替した。

解答
① （借）現　　　金　270,000　（貸）受 取 家 賃　270,000
② （借）受 取 家 賃　 90,000　（貸）前 受 家 賃　 90,000
③ （借）受 取 家 賃　180,000　（貸）損　　　益　180,000
④ （借）前 受 家 賃　 90,000　（貸）受 取 家 賃　 90,000

受 取 家 賃

12/31	前受家賃	90,000	11/1	現　金	270,000
〃	損　益	180,000			
		270,000			270,000
			1/1	前受家賃	90,000

前 受 家 賃

12/31	次期繰越	90,000	12/31	受取家賃	90,000
1/1	受取家賃	90,000	1/1	前期繰越	90,000

解説　上記の取引を図に示すと，以下のようになる。

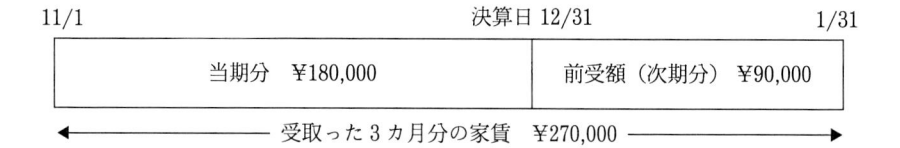

11/1　　　　　　　　　　　　決算日 12/31　　　　　　　　　1/31

当期分　￥180,000	前受額（次期分）￥90,000

◄──────── 受取った3カ月分の家賃　￥270,000 ────────►

　受取った3カ月分の家賃のうち1ヵ月分は，次期分として受取家賃勘定から前受家賃勘定（負債）の貸方に振替える。

4．費用の見越し

　支払利息や支払地代などの費用の諸勘定には，決算日までに支払っていなくても，当期の費用として発生した部分を含むことがある。この場合，それらを当期の費用に加算し，未払利息や未払地代などの負債勘定を設けて，貸方に記入する。これを**費用の見越し**という。このように負債として次期に繰越す未払分を未払費用という。未払費用は次期に，当該費用勘定に再振替する。

> **例題 10－4**　次の取引を仕訳するとともに転記しなさい。
> ① 12月31日　決算にあたり，当期分の地代未払額¥30,000 を計上した。
> ② 12月31日　支払地代の当期分¥360,000 を損益勘定に振替えた。
> ③ 1月 1日　未払地代¥30,000 を支払地代勘定に再振替した。

解答　① （借）支 払 地 代　　30,000　　（貸）未 払 地 代　　30,000
　　　② （借）損　　　　益　　360,000　　（貸）支 払 地 代　　360,000
　　　③ （借）未 払 地 代　　30,000　　（貸）支 払 地 代　　30,000

```
                        支 払 地 代
                         330,000 │ 12/31  損      益   360,000
  12/31  未 払 地 代      30,000 │
                         ─────── │                     ───────
                         360,000 │                     360,000
                                 │  1/1   未 払 地 代   30,000
```

```
                        未 払 地 代
  12/31  次期繰越       30,000 │ 12/31  支 払 地 代    30,000
   1/1   支払地代       30,000 │  1/1   前期繰越       30,000
```

解説 上記の取引を図に示すと，以下のようになる。

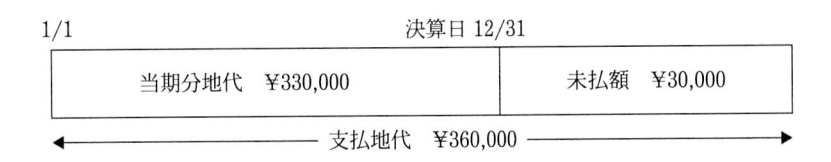

1/1	決算日 12/31	
当期分地代 ¥330,000	未払額 ¥30,000

←――――――――― 支払地代 ¥360,000 ―――――――――→

決算時に未払分は，支払地代勘定の借方に記入するとともに，未払地代勘定（負債）の貸方に記入する。

5．収益の見越し

受取利息や受取地代などの収益の諸勘定には，決算日までに収入がなくても，当期の収益として発生した部分を含むことがある。この場合，それらを当期の収益に加算し，未収利息や未収地代などの資産勘定を設けて，借方に記入する。これを**収益の見越し**という。このように資産として次期に繰越す未収分を未収収益という。未収収益は次期に，当該収益勘定に再振替する。

> **例題 10－5** 次の取引を仕訳するとともに転記しなさい。
> ① 12月31日 決算にあたり，当期の利息未収額¥56,000を計上した。
> ② 12月31日 受取利息の当期分¥336,000を損益勘定に振替えた。
> ③ 1月 1日 未収利息¥56,000を受取利息勘定に再振替した。

解答 ① （借）未 収 利 息　　56,000　　（貸）受 取 利 息　　56,000
② （借）受 取 利 息　　336,000　　（貸）損　　　　益　　336,000
③ （借）受 取 利 息　　56,000　　（貸）未 収 利 息　　56,000

受 取 利 息

12/31	損　　益	366,000				310,000
			12/31	未 収 利 息		56,000
		366,000				366,000
1/1	未 収 利 息	56,000				

未 収 利 息

12/31	受 取 利 息	56,000	12/31	次 期 繰 越		56,000
1/1	前 期 繰 越	56,000	1/1	受 取 利 息		56,000

解説　上記の取引を図に示すと以下のようになる。

```
1/1                              決算日 12/31
┌─────────────────────────┬──────────────────┐
│   当期分利息　¥310,000   │  未収額　¥56,000  │
└─────────────────────────┴──────────────────┘
←─────────── 受取利息　¥366,000 ───────────→
```

　決算時に未収分は，受取利息勘定の貸方に記入するとともに，未収利息勘定（資産）の借方に記入する。

第11章

税　　金

1．個人企業の税金

　個人企業が納付する主な税金として，所得税，住民税，事業税，固定資産税，印紙税などがあげられる。これらの税金は，国が課す税金と地方公共団体が課す税金とに分類することができる。また簿記上，これらの税金は費用として処理できない税金と費用として処理できる税金とに分けて処理される。

図表11－1　簿記上の税金の種類

会計上の処理	税　金
費用として処理できない税金	所得税（国税）
	住民税（地方税）
費用として処理できる税金	事業税（地方税）
	固定資産税（地方税）
	印紙税（国税）

2．費用として処理できない税金

（1）所得税

　所得税は，事業主が1月1日から12月31日までの1年間にその事業から得た利益や利子収入に対して課せられる国税のことである。通常，予定納付制度により前年度の所得額に基づき7月と11月の2期に分けて所得税は納付され，

翌年の確定申告の際に，実際の所得税額と予定税額との差額を納付する。所得税は，費用として処理できない税金であり，引出金勘定を用いて処理をする。所得税を納付した際の仕訳は以下のようになる。

（借）引　出　金　　×××　　　（貸）現　　　　金　　×××

（2）住民税

住民税とは，都道府県が徴収する都道府県民税と，市町村が徴収する市町村民税との総称であり，地方税に分類される。通常，事業主は住民税を4期に分けて納付する。住民税は費用として処理できない税金であり，所得税と同様に納付した時は引出金勘定の借方に記入する。

例題 11－1　次の取引の仕訳を示しなさい。
① 予定納税制度に基づいて，所得税の第1期分￥25,000 を現金で納付した。
② 住民税の第1期分￥10,000 を現金で納付した。
③ 本年度の所得税は￥80,000 であり，現金で納付した。なお，予定納税制度に基づき，すでに￥50,000 を納付している。

解答　① （借）引　出　金　　25,000　　（貸）現　　　金　　25,000
　　　　② （借）引　出　金　　10,000　　（貸）現　　　金　　10,000
　　　　③ （借）引　出　金　　30,000　　（貸）現　　　金　　30,000

解説　所得税と住民税は費用にできない税金である。
　　　　予定納税制度に基づきすでに予定納税している場合，実際の所得額が確定した後に，確定税額から予定税額を控除した金額を納税する。

3．費用として処理できる税金

（1）事業税
事業税とは，企業の事業活動に対して，事業所の存在する都道府県が課す地方税のことである。事業主は，前年度の事業所得などをもとに計算された納税額を2期に分けて納付する。事業税は，費用として処理できる税金であるので，事業税を納付したときに租税公課勘定の借方に記入する。

（2）固定資産税
固定資産税は，所有している土地や建物などの固定資産に対して課される地方税である。毎年1月1日に所有している固定資産の評価額に基づき税額が決定され，4期に分けて納付する。固定資産税は，事業税と同様に費用として処理できる税金なので，固定資産税を納付した場合，租税公課勘定の借方に記入する。

（3）印紙税
印紙税とは，契約書，領収書や手形などの文章を作成したときにかかる国税のことである。印紙税は，費用として処理できる税金であり，収入印紙を購入した時に租税公課勘定の借方に記入する。

例題 11－2 次の取引の仕訳を示しなさい。
① 事業税の第1期分￥20,000を現金で納付した。
② 固定資産税の第1期分￥7,000を現金で納付した。
③ 郵便局で切手￥1,000と収入印紙￥2,000を現金で購入した。

解答 ① （借）租 税 公 課　20,000　（貸）現　　　金　20,000
② （借）租 税 公 課　 7,000　（貸）現　　　金　 7,000

③ （借）通 信 費　　1,000　　（貸）現　　金　　3,000
　　　　租 税 公 課　　2,000

解説　事業税，固定資産税，印紙税は費用として処理する税金である。なお，切手は通信費として処理する。

第12章 伝票会計

1．伝票会計

　取引が生じると，普通仕訳帳もしくは特殊仕訳帳に記入し，その記録をもとに元帳に転記をする。企業は，多くの取引を迅速に記帳し，効率的に総勘定元帳に転記する必要がある。この問題を解決する方法の一つとして伝票会計制度がある。
　伝票とは，取引の内容や仕訳を記載する証票であり，記入された伝票に基づき元帳に転記される。伝票には，取引の事実に基づいて，日付，取引相手，金額等を記入する。取引ごとに伝票を作成することを起票という。伝票会計は，使用する伝票によって，**一伝票制**，**三伝票制**，**五伝票制**に分けることができる。

2．一伝票制

　一伝票制とは，仕訳伝票だけを使用して，すべての取引を記帳処理するものである。仕訳伝票とは，仕訳帳と同じ内容が記載でき，借方計上の勘定科目名と貸方計上の勘定科目名を記入する伝票である。

仕訳伝票　No.						
平成　年　月　日				承認印	係印	
勘定科目	元丁	借　方	勘定科目	元丁	貸　方	
合　計			合　計			
摘要						

3．三伝票制

　会社の取引は現金収支をともなう入金取引と出金取引，現金収支をともなわない振替取引に区別することができる。三伝票制のもとでは，このような取引分類に基づいて，入金取引は入金伝票（赤刷）に，出金取引は出金伝票（青刷）に，振替取引は振替伝票（黒刷または青刷）に記入する。

入金伝票　No.			
平成　年　月　日	承認印	係印	
科目		入金先	殿
摘　要		金　額	
合　計			

出金伝票　No.			
平成　年　月　日	認証印	係印	
科目		出金先	殿
摘　要		金　額	
合　計			

振替伝票　No.			
平成　年　月　日		承認印	係印
勘定科目	借　方	勘定科目	貸　方
合　計		合　計	
摘要			

（1）入金伝票

　入金伝票は，現金収入があったときに記入されるものである。入金伝票を利用するときは，借方科目は現金であるため，貸方の相手勘定とその金額を入金伝票に記入する。

（2）出金伝票

　出金伝票は，現金の支出があったときに記入されるものである。出金伝票を利用するときは，貸方科目が現金であるため，借方科目とその金額を入金伝票に記入する。

（3）振替伝票

　三伝票制において**振替伝票**は，入金取引と出金取引以外の取引を行ったときに記入されるものである。そのため，入金伝票や出金伝票とは異なり，振替伝票は借方科目と貸方科目は限定されていない。

　振替取引には，現金をまったくともなわない全部振替取引と，一部に現金収支をともなう一部振替取引の2種類がある。全部振替取引は，仕訳伝票のように記入すればよい。一部振替取引には2つの起票法がある。第1の方法は，取引を入金の部分と振替の部分に分解する方法である。入金額については入金伝票を，出金額については出金伝票を利用し，残額については振替伝票を起票する。たとえば，売上¥10,000のうち現金¥6,000，売掛金¥4,000で受取ったとすると，実際の仕訳は以下のようになる。

　　　（借）現　　　金　　6,000　　（貸）売　　　上　　10,000
　　　　　 売　掛　金　　4,000

この取引を分解して起票する場合は以下のように分ける。

　　①　（借）現　　　金　　6,000　　（貸）売　　　上　　6,000
　　②　（借）売　掛　金　　4,000　　（貸）売　　　上　　4,000

分解した取引のうち①は現金収入のある取引なので，入金伝票に記入し，②の取引は振替伝票に記入する。

　第2の方法は，取引を擬制して，いったん全部振替取引があったものとみなし，全額について振替伝票を起票し，その後，そのうち一部が入金取引または出金取引が発生したものとして，それに相当する金額について入金伝票または出金伝票を起票する。上記の例を使い仕訳を示すと，次のようになる。

① （借）売　掛　金　　10,000　　（貸）売　　　上　　10,000
② （借）現　　　金　　 6,000　　（貸）売　掛　金　　 6,000

　上記の取引のうち①は振替伝票に起票し，②は入金取引なので入金伝票に起票する。

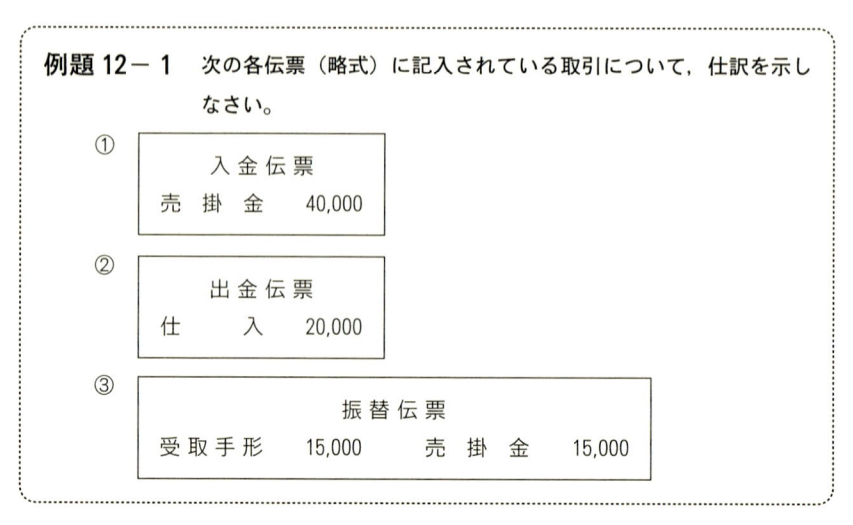

例題 12－1　次の各伝票（略式）に記入されている取引について，仕訳を示しなさい。

① 入金伝票
　　売　掛　金　　40,000

② 出金伝票
　　仕　　　入　　20,000

③ 振替伝票
　　受取手形　15,000　　売　掛　金　15,000

解答
① （借）現　　　金　　40,000　　（貸）売　掛　金　　40,000
② （借）仕　　　入　　20,000　　（貸）現　　　金　　20,000
③ （借）受取手形　　　15,000　　（貸）売　掛　金　　15,000

解説　① 入金伝票は借方科目が現金になる。
　　　　② 出金伝票は貸方科目が現金になる。

③ 振替伝票は入金・出金取引以外の取引を記入するものであり，伝票に記入した通りの仕訳になる。

例題 12－2 次の取引を①売上を分割する方法，②売上の全額をいったん掛とする方法によって，各伝票（略式）に起票しなさい。

平成×年5月12日 Y商店へ商品￥150,000を販売し，代金のうち￥80,000を現金で受取り，残りを掛とした。

解答 ① 売上を分割する方法

入　金　伝　票	振　替　伝　票
平成×年5月12日	平成×年5月12日
売　　　上　　　80,000	売　掛　金　70,000　売　　　上　70,000

② 売上の全額をいったん掛とする方法

入　金　伝　票	振　替　伝　票
平成×年5月12日	平成×年5月12日
売　掛　金　　　80,000	売　掛　金　150,000　売　　　上　150,000

解説 ① 売上を分割する方法の仕訳を示すと以下のようになる。
　　　　（借）現　　　金　　80,000　　（貸）売　　　上　　80,000
　　　　（借）売　掛　金　　70,000　　（貸）売　　　上　　70,000
② 売上の全額をいったん掛とする方法の仕訳を示すと以下のようになる。
　　　　（借）売　掛　金　150,000　　（貸）売　　　上　150,000
　　　　（借）現　　　金　　80,000　　（貸）売　掛　金　　80,000

4．五伝票制

　五伝票制とは，入金伝票，出金伝票や振替伝票の他に**仕入伝票**と**売上伝票**を加えて5種類の伝票に起票する方法である。仕入取引や売上取引は企業の中でも重要な取引であり，取引回数も多い。このことから，五伝票制は仕入取引と

売上取引の重要性を考慮したものとなっている。

　五伝票制における入金伝票と出金伝票は三伝票制の時と同様に，現金の収入・支出があったときに利用される。五伝票制における振替伝票は入金取引，出金取引，仕入取引，売上取引以外の取引を記入する。

仕入伝票　No.___			
平成　年　月　日			承認印	係印
品　名	数量	単　価	金　額	摘　要
合　計				

売上伝票　No.___			
平成　年　月　日			承認印	係印
品　名	数量	単　価	金　額	摘　要
合　計				

（1）仕入伝票

　仕入伝票を使用する場合は，すべての仕入を掛取引として処理する。そのため，仕入伝票には相手科目を記入せず，仕入先，品名，数量，単価，金額ならびに決済方法などを記入する。仕入戻しや仕入値引きがあった場合は，仕入伝票には朱記する。

仕入伝票は掛取引を前提としているが，実際の企業では現金や手形による仕入も行われる。この場合，いったん掛取引として処理し，その後ただちにその掛代金を現金または手形で支払ったように処理する。

（２）売上伝票

売上伝票を使用する場合は，仕入伝票と同じように，すべての売上を掛取引として処理する。記入方法も仕入伝票と似ており，売上先，品名，数量，単価，金額ならびに決算方法などを記入する。売上戻りや値引きなどがあった場合は，売上伝票に朱記する。

売上伝票は掛取引を前提としているが，企業では売上の際に現金や受取手形を受取ることもある。この場合に，いったん掛取引として処理し，その後ただちにその掛代金を，現金または受取手形で受取ったように処理する。

例題12－3 次の取引を伝票記入しなさい。
　平成×年7月1日　K商店へ商品￥100,000（商品50個@￥2,000）を販売し，代金を掛とした。(No. 11)

解答

売上伝票　　No. 11

平成×年7月1日

品　名	数量	単価	金　額	摘　要
商　品	50	2,000	100,000	掛売り
合　計			100,000	

解説　（借）売　掛　金　100,000　　（貸）売　　　上　100,000

5．伝票の記帳

　伝票に記入された取引は，総勘定元帳と補助簿に転記される。転記の方法には，一枚ごとに転記する個別転記と1日分または1週間分の伝票をまとめて転記する合計転記がある。また，合計転記には，各伝票を伝票集計表に集計して，1日分または一定期間分をまとめて転記する方法と伝票集計表の総計を仕訳集計表に集計してから転記する方法の2つがある。一伝票制，三伝票制，五伝票制の転記の流れは，それぞれ図表12-1，図表12-2，図表12-3となる。ただし，開始仕訳や決算記入は普通仕訳帳で行う。

図表12-1　一伝票制における転記の流れ

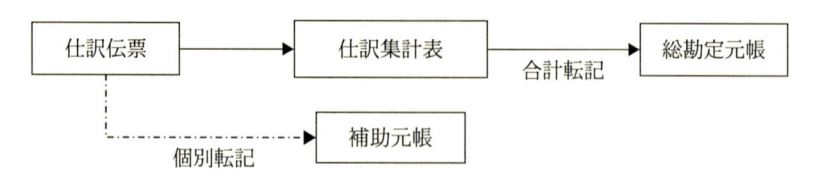

仕訳伝票 → 仕訳集計表 —合計転記→ 総勘定元帳
仕訳伝票 ⇢ 補助元帳（個別転記）

図表12-2　三伝票制における転記の流れ

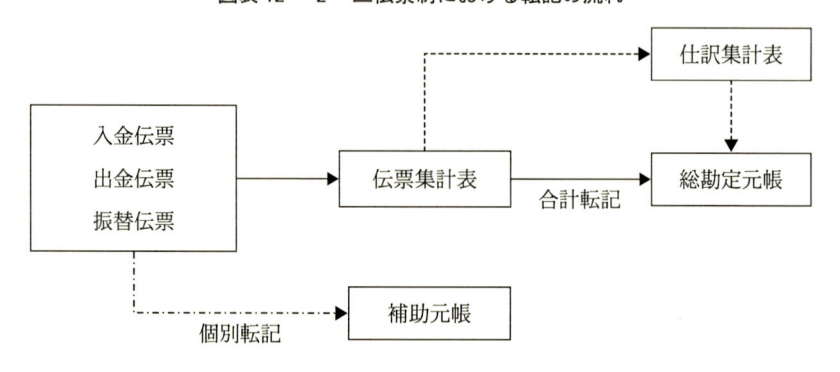

入金伝票／出金伝票／振替伝票 → 伝票集計表 —合計転記→ 総勘定元帳
伝票集計表 ⇢ 仕訳集計表 ⇢ 総勘定元帳
入金伝票／出金伝票／振替伝票 ⇢ 補助元帳（個別転記）

図表 12 － 3　五伝票制における転記の流れ

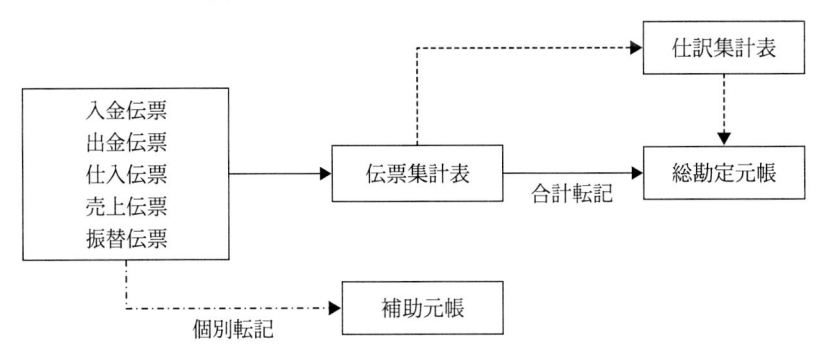

```
                                    ┌──────────┐
                          ┌ ─ ─ ─ ─→│ 仕訳集計表 │
                          │         └──────────┘
                          │               ┆
                          │               ↓
┌──────────┐      ┌──────────┐         ┌──────────┐
│ 入金伝票  │      │          │  合計転記 │          │
│ 出金伝票  │      │          │─────────→│          │
│ 仕入伝票  │─────→│ 伝票集計表│         │ 総勘定元帳│
│ 売上伝票  │      │          │         │          │
│ 振替伝票  │      └──────────┘         └──────────┘
└──────────┘
     ┆
     ┆ ─ ─ ─ ─ ─ ─→┌──────────┐
     　 個別転記     │ 補助元帳 │
                    └──────────┘
```

第13章

決　算　①

1．決算手続

　決算とは，その会計期間中に帳簿に記録した諸取引に必要な整理・精算を加えて集計し，その期間の経営成績と財政状態を把握するとともに，帳簿を締切るための諸手続をいう。

　決算の中心は元帳勘定の締切りにある。決算においては，会計期間の経営成績と期末の財政状態を明らかにするために，損益計算書と貸借対照表を作成する。

　決算手続には，決算予備手続，決算本手続，および財務諸表の作成という一連の過程がある。

　決算手続は以下の内容と順序で行われる。

　＜決算予備手続き＞
　　①　試算表の作成
　　②　棚卸表の作成と修正事項の整理
　　③　試算表および修正事項から精算表を作成
　＜決算本手続き＞
　　①　精算表を利用しての各勘定の修正記入
　　②　損益勘定を設定し，収益・費用の各勘定残高を損益勘定に振替え
　　③　損益勘定残高を資本金勘定へ振替え
　　④　収益・費用の各勘定と損益勘定の締切り
　　⑤　資産・負債の各勘定と資本金勘定の締切り，各勘定の繰越し
　　⑥　繰越試算表の作成

＜財務諸表の作成＞
① 損益勘定と繰越試算表勘定から損益計算書と貸借対照表を作成

2．決算予備手続

　決算予備手続では，決算本手続に入る前に，試算表を作成し，勘定残高の確認を行う。そして，棚卸表を作成し，決算整理事項を整理する。さらに，試算表および決算整理事項に基づき，精算表を作成する。これらの決算予備手続によって，総勘定元帳の正確性が検証され，さらに勘定金額の修正の要否が確認される。

（1）試算表の作成

　試算表は，期中における仕訳帳から総勘定元帳への転記が，正確に行われたかを確認するために作成される。
　試算表には，合計試算表，残高試算表，合計残高試算表，繰越試算表などの種類がある。合計試算表は勘定の貸借のそれぞれの合計金額を集計し，一覧表にしたものである。また，残高試算表は各勘定の残高を集計し，一覧表にしたものである。合計残高試算表は合計試算表と残高試算表を合わせた一覧表である（第2章および第13章3節参照）。

（2）棚卸表の作成と決算整理

　決算は総勘定元帳の勘定記録に基づいて行われる。しかし，これらの勘定記録の中には，決算時点での実際残高と一致していないものや，当該会計期間の収益や費用の適正な発生額を示していないものが存在する。そこで，決算時に，このような勘定を整理し，適正な金額に修正する必要がある。そのための修正手続を**決算整理**という。また，決算整理を必要とする事項を決算整理事項という。この時，決算整理事項をまとめて記載した一覧表である**棚卸表**が作成される。

個人商店で取り扱われる決算整理事項は以下の通りである。

① 現金過不足勘定の整理（第3章）
② 売上原価の計算（第4章）
③ 売上債権に対する貸倒れの見積り（第5章）
④ 有価証券の評価替え（第6章）
⑤ 固定資産の減価償却（第8章）
⑥ 引出金の整理（第9章）
⑦ 消耗品の処理（第10章）
⑧ 費用・収益の見越し・繰延べ（第10章）

図表 13 - 1　合計残高試算表

合計残高試算表
平成×6年12月31日

借方 残高	借方 合計	元丁	勘定科目	貸方 合計	貸方 残高
30,000	200,000		現　　　　　金	170,000	
220,000	400,000		受　取　手　形	180,000	
280,000	600,000		売　　掛　　金	320,000	
82,500	90,000		有　価　証　券	7,500	
48,000	48,000		繰　越　商　品		
240,000	240,000		備　　　　　品		
	150,000		支　払　手　形	350,000	200,000
	240,000		買　　掛　　金	400,000	160,000
			貸　倒　引　当　金	8,600	8,600
			備品減価償却累計額	162,000	162,000
			資　　本　　金	250,000	250,000
			売　　　　　上	750,000	750,000
			有　価　証　券　利　息	10,000	10,000
422,000	422,000		仕　　　　　入		
90,000	90,000		給　　　　　料		
110,000	110,000		支　払　家　賃		
10,000	10,000		支　払　保　険　料		
8,100	8,100		雑　　　　　費		
1,540,600	2,608,100			2,608,100	1,540,600

図表13－2 棚 卸 表

棚　卸　表

平成×6年12月31日

勘定科目	摘　要	内　訳	金　額
①受　取　手　形	期末残高	220,000	
	貸倒引当金3％	6,600	213,400
売　　掛　　金	期末残高	280,000	
	貸倒引当金3％	8,400	271,600
②有　価　証　券	帳簿価額	82,500	
	評価損	12,500	70,000
③繰　越　商　品	A　品　　200個　　＠¥140	28,000	
	B　品　　100個　　＠¥200	20,000	48,000
④備　　　　　品	取得原価		
	備品減価償却累計額　　¥162,000		
	当期減価償却額　　¥27,000	189,000	51,000
⑤未収有価証券利息	年額　　¥36,000　未収分3ヵ月		9,000
⑥未　払　家　賃	月額　　¥10,000　未払分1ヵ月		10,000
⑦前　払　保　険　料	月額　　¥500　前払分2ヵ月		1,000

（3）精算表の作成

　精算表とは，残高試算表に決算整理による調整を加え（修正記入），損益計算書および貸借対照表を作成するまでの一連の決算概要を示した集計計算表のことをいう。精算表では決算の概要を一覧表示するとともに，それによって事前に決算の計算過程やその結果を確認できる。

　精算表には，6桁精算表，8桁精算表，10桁精算表などがあり，その作成手順は，6桁精算表の作成手順（第2章）を基本としている。8桁精算表は6桁精算表に決算整理のための修正記入欄を設けたものであり，10桁精算表は8桁精算表に修正後残高試算表欄を設けたものである。本章では，8桁精算表の作成手順を紹介する。

　①　総勘定元帳に設定された各勘定の残高を，残高試算表欄に記入する。

図表13－3　8桁精算表の作成

精　算　表

平成×年12月31日

勘定科目	試算表 借方	試算表 貸方	修正記入 借方	修正記入 貸方	損益計算書 借方	損益計算書 貸方	貸借対照表 借方	貸借対照表 貸方
資産の勘定	3,000		＋1,000	－			4,000	
負債の勘定		800	－100	＋300				1,000
純資産の勘定		2,000	＋	－				2,000
収益の勘定		1,600	－	＋500		2,100		
費用の勘定	1,400		＋	－300	1,100			
当期純利益					1,000			1,000
	4,400	4,400	1,100	1,100	2,100	2,100	4,000	4,000

② 決算整理事項に基づいて，修正記入欄に記入する。
③ 試算表欄の資産・負債・純資産（資本）に属する各勘定の金額に，修正記入欄の金額を加減し，貸借対照表欄に移記する。このとき，加減算は以下のとおりに行う。
　● 修正記入欄の金額が試算表欄と同じ側に記入（借方同士，貸方同士）された場合は加算。
　● 修正記入欄の金額が試算表欄と逆側に記入（貸借逆）された場合は減算し，残高がある側に記入。
④ 試算表欄の収益・費用に属する各勘定の金額に，修正記入欄の金額を加減し，損益計算書欄に移記する。このとき，加減算は③と同様に行う。
⑤ 修正記入により新たに追加された各勘定の金額を，損益計算書欄または貸借対照表欄へ移記する。
⑥ 損益計算書欄および貸借対照表欄の借方・貸方の金額をそれぞれ合計する。そして，その差額を当期純利益または当期純損失として合計金額の少ない方に記入する。

例題 13－1 図表 13－1 の合計残高試算表と，以下の決算整理事項に基づいて，精算表を完成させなさい。（会計期間：平成×6 年 1 月 1 日から平成×6 年 12 月 31 日）

決算整理事項

① 受取手形および売掛金の期末残高に対して，3％の貸倒れを見積もる（差額補充法）。
② 有価証券を￥70,000 に評価替えする。
③ 商品期末有高は￥70,000 である。
④ 備品について，減価償却を行う。償却方法は定額法により，耐用年数は 8 年，残存価額は取得原価の 10％である。
⑤ 有価証券の利息￥9,000 が未収である。
⑥ 支払家賃は月￥10,000 であるが，平成×6 年 12 月分が未払いとなっている。
⑦ 支払保険料のうち￥6,000 は平成×6 年 3 月 1 日に向こう 1 年分を前払いしたものである。

解答 仕訳

① （借）貸倒引当金繰入　6,400　（貸）貸倒引当金　6,400
② （借）有価証券評価損　12,500　（貸）有価証券　12,500
③ （借）仕　入　48,000　（貸）繰越商品　48,000
　　　　繰越商品　70,000　　　　仕　入　70,000
④ （借）減価償却費　27,000　（貸）備品減価償却累計額　27,000
⑤ （借）未収有価証券利息　9,000　（貸）有価証券利息　9,000
⑥ （借）支払家賃　10,000　（貸）未払家賃　10,000
⑦ （借）前払保険料　1,000　（貸）支払保険料　1,000

精　算　表

平成×6年12月31日

勘定科目	試算表 借方	試算表 貸方	修正記入 借方	修正記入 貸方	損益計算書 借方	損益計算書 貸方	貸借対照表 借方	貸借対照表 貸方
現　　　　金	30,000						30,000	
受　取　手　形	220,000						220,000	
売　　掛　　金	280,000						280,000	
有　価　証　券	82,500			②12,500			70,000	
繰　越　商　品	48,000		③70,000	③48,000			70,000	
備　　　　品	240,000						240,000	
支　払　手　形		200,000						200,000
買　　掛　　金		160,000						160,000
貸　倒　引　当　金		8,600		① 6,400				15,000
備品減価償却累計額		162,000		④27,000				189,000
資　　本　　金		250,000						250,000
売　　　　上		750,000				750,000		
有価証券利息		10,000		⑤ 9,000		19,000		
仕　　　　入	422,000		③48,000	③70,000	400,000			
給　　　　料	90,000				90,000			
支　払　家　賃	110,000		⑥10,000		120,000			
支　払　保　険　料	10,000			⑦ 1,000	9,000			
雑　　　　費	8,100				8,100			
	1,540,600	1,540,600						
貸倒引当金繰入			① 6,400		6,400			
有価証券評価損			②12,500		12,500			
減　価　償　却　費			④27,000		27,000			
未収有価証券利息			⑤ 9,000				9,000	
未　払　家　賃				⑥10,000				10,000
前　払　保　険　料			⑦ 1,000				1,000	
当　期　純　利　益					96,000			96,000
			183,900	183,900	769,000	769,000	920,000	920,000

解説 ① 貸倒引当金を設定するときは，貸倒引当金繰入（費用）を計上するとともに，貸倒引当金（負債）で処理する。貸倒引当金を繰入れる際，試算表の残高が¥8,600あることに注意する。

$$貸倒引当金繰入額：（¥220,000＋¥280,000）×3％－¥8,600＝¥6,400$$

② 帳簿価格＞時価なので，差額分の有価証券評価損を計上する。
③ 繰越商品勘定の残高（期首商品棚卸高）を仕入勘定の借方に振替えたのち，期末商品棚卸高を仕入勘定から繰越商品勘定の貸方に振替える。この仕訳によって，仕入勘定は売上に対応する売上原価を計算できるようになる。
④ 本問では備品減価償却累計額勘定が存在するため，間接法にて処理する。

$$減価償却費：（\underset{取得原価}{¥240,000}－\underset{残存価額}{¥24,000}）÷8年＝¥27,000$$

⑤ 有価証券利息の未収分を見越し計上する。有価証券利息として未収分¥9,000を加算する仕訳である。
⑥ 家賃の未払分を見越し計上する。支払家賃として未払分¥10,000を加算する仕訳である。
⑦ 保険料の前払分を繰延べる。支払保険料を¥1,000（2ヵ月分）減算する仕訳である。

3．決算本手続

決算本手続では，決算予備手続に基づいて帳簿上で実際に記帳処理を行い，最終的に帳簿を締切って期間的な区切りをつける。以下，決算本手続の手順を紹介する。

（1）精算表を利用しての各勘定の修正記入

決算本手続では，まず精算表の修正記入欄を利用して，総勘定元帳の各勘定の修正記入を行う。ここでの仕訳を決算整理仕訳という。

（2）損益勘定の設定と決算振替仕訳

次に損益勘定を設定し，収益・費用の各勘定残高を損益勘定に振替える（振

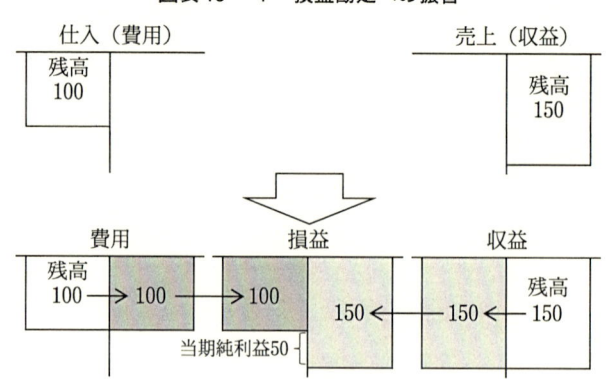

図表 13 − 4　損益勘定への振替

替えとは，ある勘定の金額を他の勘定へ移動させる手続のことである）。この時，損益勘定の貸方に収益の各勘定残高を，借方に費用の各勘定残高を振替えることにより当期純損益が計算される。

　この後，損益勘定残高を資本金勘定へ振替える。この時，損益勘定の貸方には収益の勘定残高が，借方には費用の勘定残高が記されているため，損益勘定の貸借差額（残高）は当期純損益を意味する。これらの一連の仕訳を決算振替仕訳という。

（3）収益・費用の各勘定と損益勘定の締切り

　収益・費用の各勘定と損益勘定については，借方合計と貸方合計が一致していることを確認したのちに，締切る。

（4）資産・負債の各勘定と資本金勘定の締切り，各勘定の繰越し

　資産・負債・純資産（資本）の各勘定を締切る方法には英米式決算法と大陸式決算法という2つの方法が存在する（第2章）。どちらの方法を採用するかによって資産・負債・純資産（資本）の各勘定を締切る際の手続が異なる（本章の例題では英米式決算法を取り扱う）。

　英米式決算法では，資産・負債・純資産（資本）の各勘定残高は次期へと繰

越すので，勘定の貸借差額を当期末の日付で「次期繰越」と朱書き（またはカッコ書き）し，借方と貸方の合計金額を一致させて締切る（繰越記入）。続いて，「次期繰越」と記入した逆側に，翌期首の日付で，「前期繰越」と繰越額を記入する（開始記入）。

　一方，大陸式決算法では，決算残高勘定を設定し，資産・負債・純資産（資本）の各勘定残高を決算残高勘定に振替えるための仕訳を行い，この決算振替仕訳を総勘定元帳へ転記した後，各勘定を締切る。そして，翌期首に開始残高勘定を設定して開始仕訳を行い，この仕訳を総勘定元帳の各勘定へ転記する。

例題 13-2 例題13-1の8桁精算表によって，仕訳帳で決算仕訳を行い，総勘定元帳に転記して締切りなさい。

解答

仕 訳 帳

平成×6年		摘　　　要	元丁	借　方	貸　方
		（期中の取引の合計）		2,608,100	2,608,100
		決　算　仕　訳			
12	31	（貸倒引当金繰入）		6,400	
		（貸 倒 引 当 金）			6,400
	〃	（有価証券評価損）		12,500	
		（有　価　証　券）			12,500
	〃	（仕　　　　　　入）		48,000	
		（繰　越　商　品）			48,000
	〃	（繰　越　商　品）		70,000	
		（仕　　　　　　入）			70,000
	〃	（減 価 償 却 費）		27,000	
		（備品減価償却累計額）			27,000
	〃	（未収有価証券利息）		9,000	
		（有 価 証 券 利 息）			9,000
	〃	（支　払　家　賃）		10,000	
		（未　払　家　賃）			10,000
	〃	（前 払 保 険 料）		1,000	
		（支 払 保 険 料）			1,000
	〃	諸　　　　口　　（損　　　　　　益）			769,000
		（売　　　　　　上）		750,000	
		（有 価 証 券 利 息）		19,000	
	〃	（損　　　益）　　諸　　　　　　口		673,000	
		（仕　　　　　　入）			400,000
		（給　　　　　　料）			90,000
		（支　払　家　賃）			120,000
		（支 払 保 険 料）			9,000
		（雑　　　　　　費）			8,100
		（貸倒引当金繰入）			6,400
		（有価証券評価損）			12,500
		（減 価 償 却 費）			27,000
	〃	（損　　　　　　益）		96,000	
		（資　　本　　金）			96,000
				1,721,900	1,721,900
1	1	前 期 繰 越 高		920,000	920,000

第13章 決算 ① — 119

現　金

	200,000		170,000
		12/31 次期繰越	30,000
	200,000		200,000
1/1 前期繰越	30,000		

受取手形

	400,000		180,000
		12/31 次期繰越	220,000
	400,000		400,000
1/1 前期繰越	220,000		

売掛金

	600,000		320,000
		12/31 次期繰越	280,000
	600,000		600,000
1/1 前期繰越	280,000		

有価証券

	90,000		7,500
		12/31 有価証券評価損	12,500
		〃 次期繰越	70,000
	90,000		90,000
1/1 前期繰越	70,000		

繰越商品

	48,000	12/31 仕入	48,000
12/31 仕入	70,000	〃 次期繰越	70,000
	118,000		118,000
1/1 前期繰越	70,000		

備　品

	240,000	12/31 次期繰越	240,000
1/1 前期繰越	240,000		

未収有価証券利息

12/31 有価証券利息	9,000	12/31 次期繰越	9,000
1/1 前期繰越	9,000		

前払保険料

12/31 支払保険料	1,000	12/31 次期繰越	1,000
1/1 前期繰越	1,000		

支払手形

	150,000		350,000
12/31 次期繰越	200,000		
	350,000		350,000
		1/1 前期繰越	200,000

買掛金

	240,000		400,000
12/31 次期繰越	160,000		
	400,000		400,000
		1/1 前期繰越	160,000

未払家賃

12/31 次期繰越	10,000	12/31 支払家賃	10,000
		1/1 前期繰越	10,000

貸倒引当金

			8,600
12/31 次期繰越	15,000	12/31 貸倒引当金繰入	6,400
	15,000		15,000
		1/1 前期繰越	15,000

備品減価償却累計額		資　本　金	
12/31 次期繰越 189,000	162,000	12/31 次期繰越 346,000	250,000
	12/31 減価償却費 27,000		12/31 損　　益 96,000
189,000	189,000	346,000	346,000
	1/1 前期繰越 189,000		1/1 前期繰越 346,000

売　　　　　上		有価証券利息	
12/31 損　　益 750,000	750,000	12/31 損　　益 19,000	10,000
			12/31 未収有価証券利息 9,000
		19,000	19,000

仕　　　　　入		給　　　料	
422,000	12/31 繰越商品 70,000	90,000	12/31 損　　益 90,000
12/31 繰越商品 48,000	〃　損　　益 400,000		
470,000	470,000		

支払家賃		支払保険料	
110,000	12/31 損　　益 120,000	10,000	12/31 前払保険料 1,000
12/31 未払家賃 10,000			〃　損　　益 9,000
120,000	120,000	10,000	10,000

貸倒引当金繰入		損　　　益	
12/31 貸倒引当金 6,400	12/31 損　　益 6,400	12/31 仕　　入 400,000	12/31 売　　上 750,000
		〃　給　　料 90,000	〃　有価証券利息 19,000
有価証券評価損		〃　支払家賃 120,000	
12/31 有価証券 12,500	12/31 損　　益 12,500	〃　支払保険料 9,000	
		〃　貸倒引当金繰入 6,400	
減価償却費		〃　有価証券評価損 12,500	
12/31 備品減価償却累計額 27,000	12/31 損　　益 27,000	〃　減価償却費 27,000	
		〃　雑　　費 8,100	
雑　　費		〃　資　本　金 96,000	
8,100	12/31 損　　益 8,100	769,000	769,000

（5）繰越試算表の作成

上述したとおり，英米式決算法では，資産・負債・純資産の各勘定を締切る時に各勘定口座で繰越記入を行うため，損益勘定のような各勘定を集める勘定（残高勘定）がない。したがって，英米式決算法では，**繰越試算表**を作成することによって，次期繰越記入の正確性を検証する。繰越試算表とは，資産・負債・純資産（資本）の各勘定口座の次期繰越高（または前期繰越高）を集合させた一覧表である。

> **例題13－3** 例題13－2の総勘定元帳の記録から繰越試算表を作成しなさい。

解答

繰越試算表
平成×6年12月31日

借　　方	元丁	勘定科目	貸　　方
30,000		現　　　　　金	
220,000		受　取　手　形	
280,000		売　　掛　　金	
70,000		有　価　証　券	
70,000		繰　越　商　品	
240,000		備　　　　　品	
9,000		未収有価証券利息	
1,000		前　払　保　険　料	
		支　払　手　形	200,000
		買　　掛　　金	160,000
		未　払　家　賃	10,000
		貸　倒　引　当　金	15,000
		備品減価償却累計額	189,000
		資　　本　　金	346,000
920,000			920,000

4．財務諸表の作成

　決算本手続終了後，その結果を報告するために損益計算書や貸借対照表などの財務諸表が作成される。損益計算書は，決算によって明らかとなった当該会計期間の経営成績を示すために作成され，貸借対照表はその期末の財政状態を示すために作成される。

　損益計算書と**貸借対照表**の形式には勘定式と報告式の2つがある。勘定式は借方と貸方に分けて記入する方法で，報告式は借方と貸方に分けず，縦に並べて記入する方法である。本書では，勘定式についてのみ学習する。

（1）損益計算書の作成

　損益計算書は，一会計期間の費用と収益を対応させ，当期純利益（または当期純損失）を計算し，当該会計期間における経営成績を明らかにするための報告書である。損益計算書は損益勘定に基づいて作成される。

　損益計算書は報告書であるため，記載事項がその内容を端的に表す必要があり，損益勘定に記帳されている勘定科目とは表示が異なるものがある。たとえば，損益勘定上の売上は，損益計算書においては売上高と表示される。その他，損益勘定上の仕入，資本金は，損益計算書においてそれぞれ売上原価，当期純利益（当期純損失）と表示される。

> **例題 13-4** 例題 13-2 の総勘定元帳の損益勘定から損益計算書を作成しなさい。

解答

損 益 計 算 書

平成×6年1月1日から平成×6年12月31日まで

MMM商店　　　　　　　　　　　　　　　　　　　　　　　　（単位：円）

費　　　用	金　　額	収　　　益	金　　額
売 上 原 価	400,000	売　　上　　高	750,000
給　　　　　料	90,000	有 価 証 券 利 息	19,000
支 払 家 賃	120,000		
支 払 保 険 料	9,000		
貸 倒 引 当 金 繰 入	6,400		
有 価 証 券 評 価 損	12,500		
減 価 償 却 費	27,000		
雑　　　　　費	8,100		
当 期 純 利 益	96,000		
	769,000		769,000

解説　損益勘定上の仕入は売上原価として，売上は売上高として，資本金は当期純利益としてそれぞれ表示する。

（2）貸借対照表の作成

　貸借対照表は，会計期末の資産項目と負債・純資産（資本）項目の残高を対照して示し，期末の財政状態を一覧表示する報告書である。貸借対照表は繰越試算表に基づいて作成される（英米式決算法）。なお，大陸式決算法においては，上述の決算残高勘定を利用して，貸借対照表を作成する。

　貸借対照表も報告書であるため，記載事項が繰越試算表（英米式決算法）や決算残高勘定（大陸式決算法）に記されている勘定科目と異なることがある。たとえば，繰越商品は商品と記載する。

また，貸倒引当金や減価償却累計額などの評価勘定は，対応する資産から控除する形式で表示する。加えて，資本金は期首の資本金と当期純利益とを区別して表示する。

> **例題 13-5** 例題 13-3 の繰越試算表から貸借対照表を作成しなさい。

解答

貸 借 対 照 表

平成×6年12月31日

MMM商店 （単位：円）

資　産	金　額	負債および純資産	金　額
現　　　　金	30,000	支　払　手　形	200,000
受　取　手　形	220,000	買　　掛　　金	160,000
貸　倒　引　当　金	6,600　213,400	未　払　家　賃	10,000
売　　掛　　金	280,000	資　　本　　金	250,000
貸　倒　引　当　金	8,400　271,600	当　期　純　利　益	96,000
有　価　証　券	70,000		
商　　　　品	70,000		
備　　　　品	240,000		
備品減価償却累計額	189,000　51,000		
未収有価証券利息	9,000		
前　払　保　険　料	1,000		
	716,000		716,000

解説　繰越商品は商品と表示する。また，貸倒引当金や減価償却累計額は，それぞれの対応する資産から控除する形式で表示し，資本金は期首の資本金と当期純利益とに分けて記載することに注意する。

＃ 第14章

株式会社会計

1．株式会社の設立

　株式会社を設立する場合は，発起人が発行可能株式総数などを定めた定款を作成して，株式を発行する。その後，株式の引受けと払込みを受け，会社設立の登記を行う。定款に定めた発行可能株式総数の範囲内であれば，取締役会の決議により，いつでも自由に株式を発行できる。ただし，会社の設立にあたっては，発行可能株式総数の4分の1以上の株式を発行しなければならない。会社設立後，取締役会の決議によって資本金を増加させることを増資という。増資によって新株を発行する場合も，設立時と同様に，原則として，株主が払い込んだ金額は資本金に計上しなければならないが，会社設立時においても，増資時においても，払込金額の2分の1を超えない額を資本金に計上しないことができる。資本金に計上しない部分を**株式払込剰余金**（資本準備金）勘定の貸方に記入する。

例題14－1　以下の取引の仕訳を示しなさい。

　　ジャスタ株式会社は，設立にあたって，株式400株を1株￥80,000で発行し，全額の引受けと払込みを受け，払込金額は当座預金とした。ただし，払込金額のうち1株あたり￥30,000を資本金に計上しないこととした。

解答　（借）当 座 預 金　　32,000,000　　（貸）資　本　金　　20,000,000
　　　　　　　　　　　　　　　　　　　　　　　　株式払込剰余金　12,000,000

2．新株式申込証拠金

　新株の発行に際して，株式の申込みを受付け，払込金に相当する金額を申込証拠金として払い込ませることがある。申込証拠金が払い込まれた場合，**新株式申込証拠金勘定**で処理する。

　① 申込証拠金の受取時

　　　　（借）現　金　な　ど　×××　　（貸）新株式申込証拠金　×××

　② 払込期日

　　　　（借）新株式申込証拠金　×××　　（貸）資　　本　　金　×××

3．創立費

　会社の設立のために要した費用（定款の作成費用，設立登記の費用など）を**創立費**という。創立費は，発起人が立替えておき，会社設立後，会社から発起人に支払われる。創立費を支払ったときは，創立費勘定の借方に記入する。また，創立費は繰延資産として計上することが認められている。繰延資産として計上した場合は，会社の設立後5年以内でその効果が及ぶ間にわたって，定額法により償却する。

　① 支出時

　　　　（借）創　立　費　×××　　（貸）現金など　×××

② 償却時

　　　（借）創立費償却　×××　　（貸）創　立　費　×××

例題 14－2　以下の取引の仕訳を示しなさい。

　ジェンティル株式会社では，決算に際して，創立費¥700,000 のうち，¥140,000 を償却した。

解答　（借）創立費償却　140,000　　（貸）創　立　費　140,000

4．開業費

　会社の設立後，開業までに要した費用（営業用不動産の賃借料，広告宣伝費など）を**開業費**という。開業費を支払ったときは，開業費勘定の借方に記入する。また，開業費も繰延資産としての計上が認められている。資産として計上した場合，開業後5年以内でその効果の及ぶ期間にわたって，定額法により償却する。

① 支出時

　　　（借）開　業　費　×××　　（貸）現　金　など　×××

② 償却時

　　　（借）開業費償却　×××　　（貸）開　業　費　×××

5．株式交付費

　会社設立後，新株の発行など株式の交付に要した費用（株式募集のための広告費，銀行等の取扱手数料など）を**株式交付費**という。会社設立時の株式の発行費

用は，創立費勘定で処理するが，設立以降は株式交付費勘定で処理する。株式交付費は繰延資産として計上することが認められている。資産として計上した場合，株式の交付後3年以内でその効果の及ぶ期間にわたって，定額法により償却する。

① 支出時

　　　（借）株式交付費　×××　　（貸）現　金　な　ど　×××

② 償却時

　　　（借）株式交付費償却　×××　　（貸）株式交付費　×××

6．剰余金・繰越利益剰余金・会社の合併

(1) 法定準備金の積立

　会社法では，債権者保護の目的から**資本準備金**と**利益準備金**の2つの法定準備金を純資産の部に積立てることを強制している。

① 資本準備金…資本として株主から払込まれた金額のうち，資本金として計上しなかった金額で，純資産の部に積立てることを特に定めたものである。株式払込剰余金は，資本準備金として積立てられる。

② 利益準備金…会社の利益から会社法の定めにしたがって，純資産の部に積立てる金額。利益準備金の最低積立額は以下のようになる。

　1）配当金の10％（10分の1）

　2）資本金×25％（4分の1）－（資本準備金＋利益準備金）

　　ただし，1），2）のうち金額の小さい方を計上する。資本金の25％≦資本準備金＋利益準備金の場合，利益準備金を積立てる必要はない。

③ 任意積立金…会社の利益から積立てられた金額のうち，利益準備金以外のもの。

④ 繰越利益剰余金…利益剰余金のうち，利益準備金および任意積立金以外のもの。

（2）決算時の振替仕訳

決算時に損益勘定に集計された当期純利益あるいは当期純損失の金額は，繰越利益剰余金勘定の貸方あるいは借方に振替えられる。

＜当期純利益の場合＞

　　（借）損　　　　益　　×××　　（貸）繰越利益剰余金　　×××

＜当期純損失の場合＞

　　（借）繰越利益剰余金　　×××　　（貸）損　　　　益　　×××

> **例題 14－3** 以下の振替仕訳を示しなさい。
> オルフェ株式会社は，第1期決算の結果，純利益¥9,000,000を計上した。

解答　（借）損　　　益　　9,000,000　　（貸）繰越利益剰余金　9,000,000

解説　個人商店の場合は，貸方勘定科目を資本金で処理する。

（3）繰越利益剰余金の処分

繰越利益剰余金に貸方残高がある場合は，株主総会でその処分が決定される。繰越利益剰余金の処分が行われたときは，**繰越利益剰余金勘定**からそれぞれの処分項目の勘定に振替えられる。なお，未処分の金額がある場合は，繰越利益剰余金勘定貸方残高として繰越される。

　　（借）繰越利益剰余金　　×××　　（貸）未払配当金など　　×××

例題14－4 以下の取引の仕訳を示しなさい。

イスラ商事株式会社では，株主総会において，繰越利益剰余金勘定に計上されている¥7,000,000を次のように処分および配当することが決議された。

利益準備金　¥400,000　　配当金　¥4,500,000

別途積立金　¥650,000

解答　（借）繰越利益剰余金　5,550,000　　（貸）利 益 準 備 金　　400,000
　　　　　　　　　　　　　　　　　　　　　　　　未 払 配 当 金　4,500,000
　　　　　　　　　　　　　　　　　　　　　　　　別 途 積 立 金　　650,000

解説　後に，配当を支払った場合は，未払配当金勘定の借方に記入する。

（4）繰越利益剰余金の処理

繰越利益剰余金に借方残高がある場合は，株主総会においてその処理が決定される。繰越利益剰余金の処理が行われたときは，取崩した勘定の借方に取崩し額を，繰越利益剰余金勘定の貸方に補填額を記入する。なお，未処理の場合は，繰越利益剰余金勘定借方残高として，繰越される。

　　　（借）任意積立金など　×××　　（貸）繰越利益剰余金　×××

（5）貸借対照表の純資産の部の表示

株式会社の貸借対照表は，企業会計原則に基づいて表示され，株式資本のうち，資本金を超える部分を剰余金と呼び，資本の金額を表示する資本剰余金と利益の留保額を示す利益剰余金に分けられる。資本剰余金は資本準備金とその他資本剰余金に分けられる。資本準備金には，株式払込剰余金や合併差益などが含まれる。利益剰余金は，利益準備金とその他利益剰余金に分けられる。その他剰余金は，任意積立金と繰越利益剰余金に分けられる。任意積立金には，特定目的を持つ積立金と特定目的を持たない別途積立金がある。

（6）会社の合併

会社の合併には，吸収合併と新設合併があり，存続または新設される会社は，消滅会社の資産と負債を包括的に継承し，対価として消滅会社の株主に株式を交付する。また，これに加えて，合併交付金（現金）を支払うこともある。

（7）合併の会計処理

会社の合併を取得とみなす場合は，その会計処理を**パーチェス法**によって行う。パーチェス法では，消滅会社から継承した純資産の金額を上回る株式の交付による資本金の計上があった場合，その超過額を合併差益といい，合併差益は株式払込剰余金とともに，資本準備金勘定で処理する。また，合併により被合併会社から取得した純資産の時価評価額が，交付した株式の発行総額と合併交付金よりも少ない場合は，のれん勘定で処理する。

（借）諸　資　産　×××　　（貸）諸　負　債　×××
　　　　　　　　　　　　　　　　資　本　金　×××
　　　　　　　　　　　　　　　　資本準備金　×××

なお，合併交付金のある場合は，貸方に当該金額（現金）を記入する。

合併差益＝（交付した株式の発行総額＋合併交付金）－増加する資本金
の　れ　ん＝（交付した株式の発行総額＋合併交付金）
　　　　　　　　　　　　　　　　－被合併会社の純資産の時価評価額

7．社　債

（1）社債の発行

社債とは，社債券と呼ばれる有価証券の発行によって長期資本を調達した結果，生じる負債である。社債の返済義務は額面金額（割引発行の場合は発行価額，打歩発行の場合は収入額）に基づき社債勘定の貸方に記入する。

（借）当座預金など　×××　　（貸）社　　　債　×××

（2）社債発行費の記帳

社債発行に要した費用を**社債発行費**といい，この費用を支払ったときは，社債発行費勘定の借方に記入する。社債発行費は繰延資産としての計上が認められている。この場合には，当該社債の償還期間にわたって，利息法もしくは定額法により，償却しなければならない。

（借）社 債 発 行 費　×××　　（貸）現 金 な ど　×××

また，償却時には，

（借）社債発行費償却　×××　　（貸）社 債 発 行 費　×××

例題14－5　以下の取引の仕訳を示しなさい。
　　エピファ工業株式会社は，期首において償還期限5年，年利率8％（利払い年2回），額面￥10,000,000の社債を@￥95で発行し，全額の払込みを受け，払込金は，当座預金とした。なお，社債発行に要した費用￥200,000を小切手で支払い，全額繰延資産に計上した。

解答　（借）当 座 預 金　95,000,000　　（貸）社　　　債　95,000,000
　　　　　　社債発行費　　 300,000　　　　　　　　　　　　　300,000

解説　社債　￥10,000,000×￥95／￥100＝￥95,000,000

（3）割引発行時の社債発行差金の処理

社債の割引発行時に発生する**社債発行差金**は，当該社債の償還期間にわたって，利息法もしくは定額法によって，社債勘定の貸方に加算し，同額を社債利息勘定の借方に記入する。

（借）社 債 利 息　×××　　（貸）社　　　債　×××

（4）社債利息の処理

　社債の利息を支払った場合は，**社債利息勘定**の借方に記入する。

　　　（借）社 債 利 息　×××　　（貸）現 金 な ど　×××

　社債の利払日と決算日が一致しない場合は，決算時に直前の利払い日の翌日から決算日までの社債利息を見越し計上する。

　　　（借）社 債 利 息　×××　　（貸）未払社債利息　×××

> **例題 14－6**　例題 14－5の社債について，第1回の利息（6カ月分）について小切手を振出して支払った。

解答　（借）社 債 利 息　400,000　　（貸）当 座 預 金　400,000

解説　社債利息　¥10,000,000×0.08×(6／12)＝¥400,000

（5）社債の満期償還

　社債を満期償還した場合は，社債勘定の借方に額面金額で記入する。

　　　（借）社　　　債　×××　　（貸）当座預金など　×××

（6）社債の買入償還

　社債を買入償還した場合は，社債勘定の借方に買入償還時の帳簿価格で記入する。償還した社債の帳簿価格と社債の買入価額が一致しない場合は，当該差額を社債償還益勘定の貸方もしくは社債償還損勘定の借方に記入する。

＜償還益が発生する場合＞

　　（借）社　　　債　　×××　　　（貸）当座預金など　　×××
　　　　　　　　　　　　　　　　　　　　社債償還益　　　×××

＜償還損が発生する場合＞

　　（借）社　　　債　　×××　　　（貸）当座預金など　　×××
　　　　　社債償還損　　×××

> **例題 14-7**　例題 14-5の社債について，発行後3年目の期首に，社債額面
> ¥5,000,000を@¥98で買入償還し，小切手を振出して支払った。

解答　（借）社　　　債　　4,850,000　　（貸）当座預金　4,900,000
　　　　　　　社債償還損　　　　50,000

解説　社債の帳簿価額
　　　　　¥10,000,000×0.95＝¥9,500,000
　　　　　（¥10,000,000－¥9,500,000）×（2／5）＝¥200,000
　　　　　（¥9,500,000＋¥200,000）×（¥5,000,000／¥10,000,000）
　　　　　＝¥4,850,000

第15章

特殊商品売買

1．未着品取引

　遠隔地の仕入先から商品を仕入れる場合，現品が到着する前に**貨物代表証券**を入手する。商品の売り手（仕入先）は，注文品の発送と同時に貨物代表証券の発行を運送会社に依頼する。貨物代表証券は，運送中の物品について買い手（荷送先）に送付する証券で，買い手はこの証券と引換えに物品を受取る。運送会社が陸運業者の場合は**貨物引換証**，海運業者の場合は**船荷証券**となる。貨物代表証券は，そのまま保有して到着した商品と引換えた場合，仕入として処理する。また，現品到着前に他店に売却すること（未着品販売）も可能である。

① 商品の注文を，遠隔地の仕入先に行う。
② 仕入先は商品の発送および貨物代表証券の発行を運送会社に依頼する。
③ 運送会社は，貨物代表証券を仕入先に渡す。
④ 仕入先は，受取った貨物代表証券を買い手（荷送先）に送付する。商品よりも先に貨物代表証券を受取った場合，**未着品**として処理を行う。

＜貨物代表証券を入手した場合＞
　貨物代表証券を入手（購入または仕入先からの送付を受ける）した場合，**未着品勘定（資産の勘定）**の借方に記録する。

　　　（借）未　着　品　×××　　（貸）買掛金など　×××

＜貨物代表証券と引換えに商品を受取った場合＞

　未着品が到着し，貨物代表証券と引換えに現品を受取った場合は，**未着品勘定から仕入勘定に振替える**。なお，引取運賃などの仕入副費は，**仕入勘定に含めて処理**する。

　　　（借）仕　　　　入　×××　　（貸）未　着　品　×××
　　　　　　　　　　　　　　　　　　　　現 金 な ど　×××

＜未着品販売＞

　貨物代表証券を販売した場合には，未着品勘定から仕入勘定に振替えた上，未着品売上勘定（収益の勘定）の貸方に記入する。

　　　（借）売掛金など　×××　　（貸）未着品売上　×××
　　　（借）仕　　　　入　×××　　（貸）未　着　品　×××

＜決算時の処理＞

　期末になっても注文した商品が到着しない場合には，すでに仕入れた商品として処理しているため，未着品勘定の残高を当期仕入高および期末商品棚卸高に加える処理を行う。

　期中に未着品販売を行った場合には，通常の商品売買と同様，損益勘定への振替えを行う。

　　　（借）損　　　　益　×××　　（貸）未　着　品　×××
　　　（借）未着品売上　×××　　（貸）損　　　　益　×××

例題15-1　次の一連の取引について仕訳を示しなさい。
① BRZ商店は，大湖商店から仕入れた商品¥450,000の船荷証券を受取り，代金は掛とした。
② さきに大湖商店から受取っていた船荷証券¥450,000を¥600,000で内藤商店に転売し，代金は掛とした。
③ AKI商店より商品¥300,000を仕入れるにあたり，貨物引換証を受取り，記帳もすでに行っていたが，運送会社から商品が到着したとの連絡を受け，貨物引換証を呈示して受取った。なお，引取費用¥10,000は小切手を振出して支払った。

解答　① （借）未　着　品　　450,000　（貸）買　掛　金　　450,000
　　　② （借）売　掛　金　　600,000　（貸）未着品売上　　600,000
　　　　（借）仕　　　入　　450,000　（貸）未　着　品　　450,000
　　　③ （借）仕　　　入　　310,000　（貸）未　着　品　　300,000
　　　　　　　　　　　　　　　　　　　　　当座預金　　 10,000

解説　① 貨物引換証や船荷証券などの貨物代表証券は，現物の商品ではないので，仕入勘定を用いて仕訳はしない。
　　　② 船荷証券を転売した場合は，未着品売上を計上する。このとき，未着品の原価を仕入勘定に振替えるのを忘れないこと。
　　　③ 貨物代表証券を呈示して現物の商品を引取った場合は，その時点で仕入とする。引取費用は仕入原価に算入する。

2．荷為替手形

　遠隔地に商品を販売する際，その発送を運送会社に委託する。その運送会社から貨物代表証券を受取り，送り先（販売先）に発送することになる。この売上代金を早期に回収するため，運送中の商品（貨物代表証券）を担保とし，為替手形を振出し，銀行で割引く。この為替手形を**荷為替**といい，割引の取引を

含めて**荷為替の取組み**という。

図表15－1は，荷為替の取組みの流れを示したものである。

①商品発送 → ②荷為替取組み（販売側）

荷為替を取組む場合，商品発送時に売上げを計上するとともに，ただちに，荷為替手形の振出・銀行での割引を行う。売上代金の一部を荷為替にした場合には，残額を売掛金として処理する。

　　（借）当 座 預 金　×××　　（貸）売　　　上　×××
　　　　　手形売却損　×××
　　　　　売　掛　金　×××

③荷為替の引受け → ③未着品の処理（仕入側）

銀行から為替手形の呈示を受け，それを引受けた場合，支払手形勘定に記入し，貨物代表証券を受取る。荷為替の引受けの際，商品が未だ到着していない場合は，貨物代表証券を受取った時点で，未着品勘定に記入を行う。

　　（借）未　着　品　×××　　（貸）支 払 手 形　×××
　　　　　　　　　　　　　　　　　　買　掛　金　×××

④商品受取（仕入側）

仕入側は，商品が到着し貨物代表証券と引換えた時点で，未着品勘定から仕入勘定へ振替を行う。代金の決済は，手形（為替手形の引受け）と掛になる。

　　（借）仕　　　入　×××　　（貸）支 払 手 形　×××
　　　　　　　　　　　　　　　　　　買　掛　金　×××

図表 15－1　荷為替の取組み

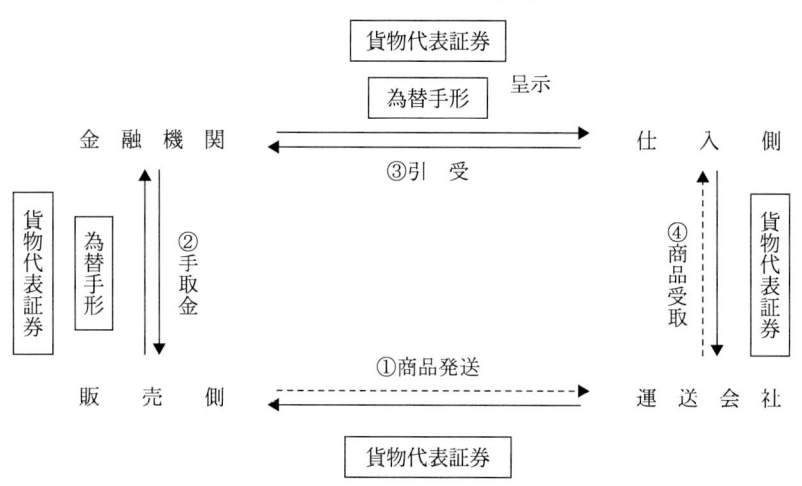

```
                        貨物代表証券
                          為替手形    呈示
   金融機関  ←─────────────────  仕 入 側
                          ③引 受
   ┌──┐ ┌──┐ ②                        ④ ┌──┐
   │貨物│ │為替│ 手                       商 │貨物│
   │代表│ │手形│ 取                       品 │代表│
   │証券│ │  │ 金                       受 │証券│
   └──┘ └──┘                          取 └──┘
                          ①商品発送
   販 売 側  ─────────────────→  運 送 会 社
                        貨物代表証券
```

例題 15－2　次の一連の取引について仕訳を示しなさい。

① BRZ商会は，大湖商店から発注された商品￥900,000を船便で発送し，取引銀行で船荷証券を担保として大湖商店宛の荷為替手形￥700,000を取組み，割引料￥3,000を差引かれ，手取金を当座預金とした。

② 大湖商店は取引銀行から上記の為替手形の呈示を受け，これを引受けて船荷証券を受取った。

③ 大湖商店は，上記の船荷証券と引換えに商品を引取った。なお，引取のための運送費￥7,000は現金で支払った。

解答
① （借）当 座 預 金　697,000　（貸）売　　　　上　900,000
　　　　手形売却損　　3,000
　　　　売　掛　金　200,000
② （借）未　着　品　900,000　（貸）支 払 手 形　700,000
　　　　　　　　　　　　　　　　　買　掛　金　200,000
③ （借）仕　　　入　907,000　（貸）未　着　品　900,000
　　　　　　　　　　　　　　　　　現　　　金　　7,000

解説 ① 貨物引換証や船荷証券などの貨物代表証券は，現物の商品ではないので，仕入勘定を用いて仕訳はしない。
② 船荷証券を転売した場合は，未着品売上を計上する。このとき，未着品の原価を仕入勘定に振替えるのを忘れないこと。
③ 貨物代表証券を呈示して現物の商品を引取った場合は，その時点で仕入とする。引取費用は仕入原価に算入する。

3．委託販売

委託販売とは，遠隔地にある他店に商品を委託する販売形態のことである。委託する側を**委託者**，委託を引受ける側を**受託者**という。
① 委託者は遠隔地にある他店（受託者）に商品の販売を委託し，受託者はこれを引受ける。
② 委託者は商品を発送し，受託者はこれを受入れる。
③ 受託者は第三者に商品を販売し，代金を受取る（預かる）。
④ 受託者は③の販売の事実について**売上計算書**を作成し，委託者に送付する。
⑤ 受託者は販売した商品の代金を，委託者に送金する。また，委託者は販売代行の手数料を受託者に支払う（受託者側は売上代金から手数料を差引いた金額を相殺して送付する）。

＜委託者の商品発送時＞
委託者が販売を委託して商品を発送（積送）した際には，積送した商品の原価を仕入原価から**積送品勘定**（資産勘定）の借方に振替える。なお，積送時に発送費等を支払った場合には，積送品勘定に含めて処理する。

（借）積　送　品　　×××　　（貸）仕　　　入　　×××
　　　　　　　　　　　　　　　　　現金など　　×××

<売上計算書>

```
            売 上 計 算 書
  Ⅰ. 売上高                    (①10,000)
  Ⅱ. 諸 掛  引取費等  (②300)
        手数料      (③500)      (④  800)
  Ⅲ. 手取額                    (⑤ 9,200)
```

① 受託者が第三者に販売した売上代金総額。
② 受託者が積送品を受入れてから販売するまでに要した費用の支払額。引取費，保管料，雑費等。
③ 受託者が受取る（委託者が支払う）手数料。
④ ②+③ ← 売上代金から差引く。
⑤ （①-④）受託者が委託者に送金する金額。

委託者は売上計算書を受取った際，**積送品売上勘定**（収益の勘定）の貸方に記入し，引取費・手数料等の諸掛を差引いた手取金を**積送売掛金勘定**（資産の勘定）の借方に記入する。諸掛については**積送販売費勘定**または**積送諸掛勘定**（費用の勘定）の借方に記入する。なお，販売した積送品原価を積送品勘定から仕入勘定に振替える処理を一括で期末に行う場合もある。

　　（借）積送売掛金　×××　　（貸）積送品売上　×××
　　　　 積送販売費　×××
　　（借）仕　　　入　×××　　（貸）積　送　品　×××

<手取金の入金>

　　（借）現 金 な ど　×××　　（貸）積送売掛金　×××

＜荷為替の取組みと積送＞

　委託者は，代金を早く回収したい場合，商品を積送し，荷為替を取組む場合がある。しかし，荷為替を取組み割引料を差引いて手取金を受取った段階では受託者が商品を販売したわけではないため，**前受金勘定**で処理をする。

＜委託販売勘定＞

　委託販売では受託者に対する売掛金や前受金が生じるため，受託者に対する債権・債務を管理する勘定として**委託販売勘定**を用いる場合がある。

委　託　販　売	
売掛金（売上計算書の手取金）	前受金（荷為替の手取額）

＜受託販売＞

　受託者側では，委託者から商品を預かり第三者に販売し，売上計算書を作成する処理を行う。ただし，受託者側は，商品の増減は発生しないため，受託販売にともなって生じる債権債務の額を**受託販売勘定**で記録する。

＜委託者からの積送品の受入れ時に運賃が発生した場合＞

　　　（借）受　託　販　売　　×××　　　（貸）現　金　な　ど　　×××

＜積送品の保管に関する支払い＞

　　　（借）受　託　販　売　　×××　　　（貸）現　金　な　ど　　×××

＜第三者への積送品販売＞

　　　（借）売掛金など　　×××　　　（貸）受　託　販　売　　×××

＜売上計算書作成および送付＞

　上記の売上計算書を作成し，委託者へ送付する。同時に，手数料の計上を行う。

　　　（借）受 託 販 売　　×××　　　（貸）受取手数料　　×××

＜委託者に対しての送金＞

　　　（借）受 託 販 売　　×××　　　（貸）現 金 な ど　　×××

例題 15－3　次の一連の取引について，内藤商店（委託者）と大湖商店（受託者）の仕訳を示しなさい。なお，仕訳する必要がない場合には，「仕訳なし」とすること。

① 内藤商店は，大湖商店に商品の販売を委託して，商品￥40,000（原価）を積送した。なお，積送諸掛￥3,000は現金で支払った。

② 大湖商店は委託された商品を￥70,000（売価）で販売し，代金は掛とした。大湖商店は下記の売上計算書を内藤商店に送付し，内藤商店はこれを受取った。

売　上　計　算　書

Ⅰ.	売上高		70,000
Ⅱ.	保管料	￥1,000	
	手数料	2,500	3,500
Ⅲ.	手取額		66,500

③ 内藤商店は，上記手取金につき，大湖商店振出しの小切手を受取った。

解答 ① 内藤商店
　　　　　（借）積　送　品　　43,000　　（貸）仕　　　入　　40,000
　　　　　　　　　　　　　　　　　　　　　　　現　　　金　　 3,000
　　　　大湖商店
　　　　　　仕訳なし
　　　② 内藤商店
　　　　　（借）積送売掛金　　66,500　　（貸）積送品売上　　70,000
　　　　　　　積送諸掛　　　　 3,500
　　　　　（借）仕　　　入　　43,000　　（貸）積　送　品　　43,000
　　　　大湖商店
　　　　　（借）売　掛　金　　70,000　　（貸）受託販売　　　70,000
　　　　　（借）受託販売　　　 3,500　　（貸）保　管　料　　 1,000
　　　　　　　　　　　　　　　　　　　　　　　受取手数料　　 2,500
　　　③ 内藤商店
　　　　　（借）現　　　金　　66,500　　（貸）積送売掛金　　66,500
　　　　大湖商店
　　　　　（借）受託販売　　　66,500　　（貸）当座預金　　　66,500

解説 ① 内藤商店（委託者）が商品を積送した場合には，仕入勘定から積送品勘定に原価で振替える。また，諸掛は積送品の原価に算入する。
　　　　大湖商店（受託者）は，内藤商店（委託者）の商品の販売を受託しているだけなので，商品を受取っても商品の仕入取引にはならないので仕訳はしない。
　　　② 内藤商店（委託者）は大湖商店（受託者）から送付されてきた売上計算書をもとに，手取額を積送売掛金（委託販売）に，売上高を積送品売上に計上する。その際，販売した積送品の原価を仕入勘定に振替えるのを忘れないこと。
　　　　大湖商店（受託者）は商品を販売したとしても，それは内藤商店（委託者）の商品であるため売上にはならず，代金を預かっているだけなので，受託販売勘定の貸方に記入する。立替払いをしていた受託商品に関する保管料と販売の手数料を内藤商店（委託者）に請求するため，受託販売勘定の借方に記入する。
　　　③ 内藤商店（委託者）は手取金を受取ったことで売掛金の回収となる。

大湖商店（受託者）は手取金を送金して内藤商店（委託者）に対する債務はゼロとなるため，受託販売勘定の残高もゼロとなる。

4．委託買付

　委託買付とは，遠隔地にある他店に商品の購入を委託する取引形態のことである。委託する側を**委託者**，委託を引受ける側を**受託者**という。
　① 委託者は遠隔地にある他店（受託者）に商品の購入を委託し，受託者はこれを引受ける。
　② 委託者はあらかじめ購入代金の一部（前払金）を受託者に送金する。
　③ 受託者は第三者より商品を購入し，代金を立替払いする。
　④ 受託者は③の購入の事実について**買付計算書**を作成し，購入した商品とともに委託者に送付する。
　⑤ 受託者は購入代金・諸費用の立替額・手数料等を合計し，前払金を差引いた額を委託者に請求する。
　⑥ 委託者は受託者からの請求に応じて買付代金を送金する。

＜委託買付の商品代金を一部前払いした時＞
　一般の仕入取引と同様，**委託買付**勘定または前払金勘定で処理する。

　　（借）委 託 買 付　　×××　　（貸）現 金 な ど　　×××

＜買付計算書および買付委託商品の受取り＞
　委託者は，買付委託商品を受取った時点で仕入とし，買付代金総額（商品の購入価額＋受託者が立替えた諸経費＋買付手数料）が仕入原価となる。

　　（借）仕　　　　入　　×××　　（貸）委 託 買 付　　×××

<買付計算書>

```
          買 付 計 算 書
 Ⅰ．買付金額                    (①10,000)
 Ⅱ．諸 掛  発送費等    (②300)
       手数料       (③500)    (④800)
       合 計                   (⑤10,800)
 Ⅲ．前受金          (⑥5,000)
 Ⅳ．請求額                     (⑦5,800)
```

① 受託者が第三者に支払った購入代金総額。
② 受託者が商品を購入してから委託者に発送するまでに要した費用の支払額。引取費，保管料，発送費等。
③ 受託者が受取る（委託者が支払う）手数料。
④ ②+③ ← 購入代金総額と合計（⑤）。
⑦ （⑤-⑥）受託者が委託者に請求する金額（委託者は商品とともに買付計算書を受取り，通常の仕入の仕訳を行う。買付けに要した諸掛はすべて仕入勘定に含めて記帳する）。

<受託者への送金>

（借）委 託 買 付　×××　　（貸）現 金 な ど　×××

<委託買付勘定>

委託買付では受託者に対する買掛金や前払金が生じるため，受託者に対する債権・債務を管理する勘定として**委託買付勘定**を用いる場合がある。

```
         委 託 買 付
      前 払 金  │  買 掛 金
```

＜受託買付＞

　受託者側では，委託者から買付代金を前受けし，第三者から商品を購入した後，買付計算書を作成し商品とともに委託者に送付する。ただし，受託者側は，商品の増減は発生しないため，受託買付にともなって生じる債権債務の額を**受託買付勘定**で記録する。

＜委託者から買付代金の一部を受取る＞

　　　（借）現 金 な ど　×××　　（貸）受 託 買 付　×××

＜第三者から商品を購入＞

　　　（借）受 託 買 付　×××　　（貸）買　掛　金　×××

＜購入商品の保管時に生じる費用の支払い＞

　　　（借）受 託 買 付　×××　　（貸）現 金 な ど　×××

＜買付計算書作成および商品送付＞

　上記の買付計算書を作成し，商品とともに委託者へ送付する。同時に，手数料の計上および発送諸掛の支払いについて**受託買付勘定**の借方に記入し，その後，委託者に請求を行う。

　　　（借）受 託 買 付　×××　　（貸）受取手数料　×××

＜委託者からの送金＞

　　　（借）現 金 な ど　×××　　（貸）受 託 買 付　×××

> **例題15－4** 次の一連の取引について，彰秀商店（委託者）と慎平商店（受託者）の仕訳を示しなさい。なお，仕訳する必要がない場合には，「仕訳なし」とすること。
> ① 彰秀商店は，慎平商店に商品の買付けのために前金として¥100,000の小切手を振出して支払った。
> ② 慎平商店（受託者）は彰秀商店より委託された商品¥500,000を内藤商店より買付け，代金は掛とした。また買付けにかかった諸経費¥40,000を現金で立替払いした。
> ③ 慎平商店は，買付計算書とともに買付けた商品を彰秀商店に引渡した。なお，買付手数料は¥60,000である。
> ④ 彰秀商店は，残金を送金小切手で慎平商店に支払った。

解答 ① 彰秀商店
　　　　　（借）委 託 買 付　100,000　　（貸）当 座 預 金　100,000
　　　　慎平商店
　　　　　（借）現　　　　金　100,000　　（貸）受 託 買 付　100,000
　　② 彰秀商店
　　　　　　　　仕訳なし
　　　　慎平商店
　　　　　（借）受 託 買 付　540,000　　（貸）買　掛　金　500,000
　　　　　　　　　　　　　　　　　　　　　　現　　　金　 40,000
　　③ 彰秀商店
　　　　　（借）仕　　　　入　600,000　　（貸）委 託 買 付　600,000
　　　　慎平商店
　　　　　（借）受 託 買 付　 60,000　　（貸）受 取 手 数 料　60,000
　　④ 彰秀商店
　　　　　（借）委 託 買 付　500,000　　（貸）現　　　　金　500,000
　　　　慎平商店
　　　　　（借）現　　　　金　500,000　　（貸）受 託 買 付　500,000

解説 ① 彰秀商店（委託者）が支払った前金は慎平商店（受託者）に対する前払金にあたるので委託買付勘定の借方に，慎平商店（受託者）が受取った前受金は預り金にあたるので受託買付勘定の貸方に記入する。
② 慎平商店（受託者）は商品を購入したとしても，それは彰秀商店（委託者）の商品となるため仕入にはならず，諸経費の立替分は受託買付勘定の借方に記入し合わせて請求する。なお，彰秀商店（委託者）は，買付計算書が届いてから記帳するためここでは「仕訳なし」となる。
③ 彰秀商店（委託者）は，商品を受取った時点で仕入とし，商品の購入価額に慎平商店（受託者）が立替えた諸経費および買付手数料を加えた買付代金総額が仕入原価となる。
④ 慎平商店（受託者）は請求額を受取ったことで売掛金の回収となる。彰秀商店（委託者）は請求額を送金して慎平商店（受託者）に対する債務はゼロとなるため，委託買付勘定の残高もゼロとなる。

5．割賦販売

　割賦販売とは，商品を引渡した後に，その代金回収を数回に分けて行う販売形態のことで，処理方法には，**販売基準**や**回収基準**などがある。

＜販売基準＞
　販売基準での割賦販売では，収益の認識を通常の掛売上と同じように処理する。販売時，売上額を**割賦売掛金（割賦販売契約）勘定**の借方と**割賦売上勘定**の貸方に記入する。販売後，割賦金を回収する都度，割賦売掛金を減少させる。

（販売時）

　　（借）割賦売掛金　×××　　（貸）割 賦 売 上　×××

(割賦金回収時)

　　(借) 現 金 な ど　×××　　(貸) 割賦売掛金　×××

＜回収基準＞

　回収基準での割賦販売では，長期にわたって代金を回収することを考慮して，収益の認識を代金回収時に行う。記帳の方法は，**対照勘定法**と**未実現利益控除法**がある。

(対照勘定法)

　商品の引渡し時に**割賦売掛金勘定**（または割賦販売契約勘定）の借方と**割賦仮売上勘定**の貸方に売上金額を記入し，対照勘定による備忘記録を行う。割賦金を回収する都度，入金額を**割賦売上勘定**に貸方記入し，対照勘定を同額分だけ反対仕訳し，相殺する。

(未実現利益控除法)

　商品引渡し時・代金回収時は通常の掛売上と同じ処理を仮に行っておき，決算時に割賦販売利益を調整する方法のことである。

＜決算時＞

　販売時に販売基準で処理した場合には，決算時においても通常の掛販売と同様の処理を行う。回収基準で処理した場合には，期中に回収が完了した売上が計上されることになる。したがって，未回収額に含まれる売上原価を確定するため，期末に未回収額の割賦売掛金に含まれる原価分を期末商品棚卸高に加える。

$$期末商品棚卸高に加える原価額 = \frac{割賦売掛金残高 \times 割賦売上原価}{割賦売上高}$$

　　(借) 繰 越 商 品　×××　　(貸) 仕　　　　入　×××

未実現利益控除法で処理した場合には，期末の売掛金に含まれている利益を次期に繰延べる。

$$繰延べられる利益 = \frac{期末割賦売掛金残高 \times (割賦売上高 - 割賦売上原価)}{割賦売上高}$$

（借）繰延割賦売上利益控除　×××　　（貸）繰延割賦売上利益　×××

割賦売掛金が回収されたら，繰延割賦売上利益戻入勘定（収益の勘定）に振替える。

（借）割賦売上利益　×××　　（貸）繰延割賦売上利益戻入　×××

例題 15－5　次の一連の取引について仕訳を示しなさい。ただし，割賦販売の収益の計上方法として回収基準を採用し，対照勘定法で記帳している。
① 得意先 BRZ 商店に対し，商品￥300,000（売価￥480,000）を6カ月の分割払いで販売した。
② BRZ 商店から第1回目の割賦金￥80,000 を現金で受取った。

解答　① （借）割賦売掛金　　480,000　　（貸）割賦仮売上　　480,000
　　　　② （借）現　　　金　　 80,000　　（貸）割 賦 売 上　　 80,000
　　　　　（借）割賦仮売上　　 80,000　　（貸）割賦売掛金　　 80,000
　　※割賦売掛金は，割賦販売契約でもよい。

解説　① 割賦販売において，回収基準かつ対照勘定法を採用している場合には，商品の引渡し時に売価で備忘記録を行う。その際，通常の掛売上と区別するため，割賦売掛金（または割賦販売契約）勘定および割賦仮売上勘定で記帳する。
　　　　② 割賦金の回収ごとに割賦売上を計上し，備忘記録を取消す。

6．試用販売

　試用販売とは，取引先（顧客）にあらかじめ商品を送付し，送付先からの買取りの意思表示を受けて初めて売買契約が成立する販売形態のことである。商品を発送した時点では，正規の売上とはならないため，手許にある商品と区別する必要がある。そこで，試用販売における商品発送時に，**試用販売売掛金勘定**（または試用販売契約勘定）と**試用仮売上勘定**（または試用販売勘定）の対照勘定を使った方法と手許商品との区別のため仕入勘定から**試用品勘定**（資産）に振替える2つの方法がある。

① 当店は，取引先に「試しに使って，良ければ購入して欲しい」と商品を送付する。
② 取引先が，送付されてきた商品を試用してみて購入の意思表示をした場合には，売買が成立する。
③ 取引先は，購入分の商品代金を支払い，購入する意思がない場合には返品を行う。

＜対照勘定法＞
　対照勘定を使う場合は，売上取引とみなした記帳であるため，売価で記録しなければならない。

　　（借）試用販売売掛金　　売価　　　（貸）試　用　仮　売　上　　売価

＜試用品勘定を使う場合＞
　試用品勘定を使う場合は，手許商品と区別をする記帳であるため，原価で記録しなければならない。

　　（借）試　　用　　品　　原価　　　（貸）仕　　　　　入　　原価

＜購入の意思表示があった場合＞

　対照勘定を使って処理した場合には，売上を計上するとともに，商品発送時の反対仕訳を行う。試用品勘定を使って処理した場合には，売上を計上するとともに，試用品勘定を仕入勘定に振替える。

　（対照勘定法）

　　　（借）試用販売売掛金　　×××　　　（貸）試 用 品 売 上　　×××
　　　（借）試 用 仮 売 上　　×××　　　（貸）試用販売売掛金　　×××

　（試用品勘定を使った場合）

　　　（借）試用販売売掛金　　×××　　　（貸）試 用 品 売 上　　×××
　　　（借）仕　　　　　入　　×××　　　（貸）試　　用　　品　　×××

＜試用品が返品された場合＞

　試用品が返品された場合，対照勘定を使った場合でも，試用品勘定を使った場合でも，発送時と反対の処理をすればよい。

　（対照勘定法）

　　　（借）試 用 仮 売 上　　×××　　　（貸）試用販売売掛金　　×××

　（試用品勘定を使った場合）

　　　（借）仕　　　　　入　　×××　　　（貸）試　　用　　品　　×××

＜決算時＞

　決算時において，取引先から購入の意思表示がない，または商品が返品されていないとき，対照勘定を使って処理した場合には，その原価を期末商品棚卸高に加え，試用品勘定を使って処理した場合には，手許商品に準じた処理を行う。

(対照勘定法)

（借）繰 越 商 品　×××　　（貸）仕　　　入　×××

(試用品勘定を使った場合)

（借）仕　　　入　×××　　（貸）試 用 品　×××
（借）試 用 品　×××　　（貸）仕　　　入　×××

例題 15－6　次の一連の取引について，a. 対照勘定法と b. 試用品勘定を用いた方法（手許商品と区別する方法）での仕訳を示しなさい。
① 1個あたり原価¥10,000（売価@¥15,000）の商品5個を得意先に試送した。
② 上記の商品のうち3個について，買い手から買取りの意思表示があった。
③ 上記の商品の残り2個については，買い手から返品された。

解答　a. 対照勘定法
① （借）試用販売売掛金　75,000　（貸）試 用 仮 売 上　75,000
② （借）試用販売売掛金　45,000　（貸）試 用 品 売 上　45,000
　（借）試 用 仮 売 上　45,000　（貸）試用販売売掛金　45,000
③ （借）試 用 仮 売 上　30,000　（貸）試用販売売掛金　30,000

b. 試用品勘定を用いた方法
① （借）試　　用　　品　50,000　（貸）仕　　　　　入　50,000
② （借）試用販売売掛金　45,000　（貸）試 用 品 売 上　45,000
　（借）仕　　　　　入　30,000　（貸）試　　用　　品　30,000
③ （借）仕　　　　　入　20,000　（貸）試　　用　　品　20,000

解説　a. 対照勘定法では，売価で，b. 試用品勘定を用いた方法では原価で記録をしなければならない。

7．予約販売

　予約販売とは，注文を受けた後にあらかじめ予約金（商品代金の一部または全額）を受取り，後から商品を引渡す販売形態のことである。
　① 販売店は顧客（注文先）から予約販売の申込みを受ける。
　② 顧客より，予約金の一部（または全額）を受取る。一部の場合は，後日，商品発送後に残金を回収する。
　③ 予約販売品を顧客に引渡す。

＜予約金受取り時＞
　予約金を受取った際には，まだ商品を引渡していないため売上を計上せず，**前受金（予約販売前受金）勘定**（負債の勘定）の貸方に記入をする。

　　（借）現 金 な ど　×××　　（貸）前 受 金　×××

＜商品引渡し時＞
　商品を引渡した際には，前受金は商品代金に充てられるので，前受金勘定から売上勘定に振替える。

　　（借）前 受 金　×××　　（貸）売　　　上　×××

例題 15－7　次の一連の取引について，仕訳を示しなさい。
　① BRZ 商会は，顧客から期間限定商品の予約販売申込みを受け，予約金 ¥35,000 を現金で受取った。
　② BRZ 商会は，上記の商品を顧客に引渡した。

解答 ① （借）現　　　金　35,000　　（貸）前　受　金　35,000
　　　　② （借）前　受　金　35,000　　（貸）売　　　上　35,000
　　　　※前受金は，予約販売前受金でもよい。

解説 ① 予約金を受取った時は，売上には計上せず，前受金勘定に記帳する。
　　　　② 予約品を引渡した時に，売上に計上し，代金は前受金と相殺する。

第16章

本支店会計

1. 本店集中会計制度と支店独立会計制度

　企業規模が拡大し活動範囲が広範に及ぶと，企業は遠隔地との取引を円滑に行うため，主たる営業拠点の他にも営業拠点を設けることがある。この時，主たる営業拠点を本店，従たる営業拠点を支店という。支店を有する企業の会計処理方法は，支店独自の帳簿組織を設けるか否かにより，**本店集中会計制度**と**支店独立会計制度**の2つの方法がある。本店集中会計制度は，企業全体の取引を記帳する単一の帳簿組織を設け，本店のみならず，すべての支店の取引をこれに記帳する方法である。一方，支店独立会計制度は，本店から独立した支店独自の帳簿組織を設け，支店における取引はこれに記帳する方法である。支店の業績を把握する観点からは，一般に支店独立会計制度が優れているとされる。

　本章では，支店独立会計制度を前提として解説をすすめる。

2. 企業内部の取引の会計処理

(1) 本支店間取引の会計処理

　本店あるいは支店と企業外部との間で取引が行われる際には，本店あるいは支店の帳簿に記帳が行われるという点が異なるだけで，会計処理そのものはこれまでに学習したものとかわるところはない。しかし，企業内部の営業拠点間で取引が行われる際には，各営業拠点間において債権・債務が生じるため，これをどのように処理するかが問題となる。

　企業内部の取引のうち，本支店間取引については，支店の総勘定元帳に本店

勘定を設ける一方，本店の総勘定元帳に支店勘定を設け，これらの勘定により内部取引の相手方に対する債権・債務を処理する。なお，本店勘定と支店勘定は相互に反対記入されるため，それぞれの残高は貸借反対に生じ，金額は必ず一致する。

> **例題 16－1** 次の取引について，本店および支店で行われる仕訳をそれぞれ示しなさい。
> ① 本店は支店を開設し，支店に現金¥30,000，当座預金¥100,000，備品¥200,000 を引継いだ。
> ② 支店は本店の買掛金¥50,000 を小切手を振出して支払い，本店へ通知した。
> ③ 本店は支店の営業費¥20,000 を現金で支払い，支店へ通知した。

解答 ① 本店 （借）支　　店　330,000　（貸）現　　　金　 30,000
　　　　　　　　　　　　　　　　　　　　　　　当座預金　100,000
　　　　　　　　　　　　　　　　　　　　　　　備　　品　200,000
　　　　支店 （借）現　　金　 30,000　（貸）本　　店　330,000
　　　　　　　　　当座預金　100,000
　　　　　　　　　備　　品　200,000
　　② 本店 （借）買 掛 金　 50,000　（貸）支　　店　 50,000
　　　　支店 （借）本　　店　 50,000　（貸）当座預金　 50,000
　　③ 本店 （借）支　　店　 20,000　（貸）現　　金　 20,000
　　　　支店 （借）営 業 費　 20,000　（貸）本　　店　 20,000

解説 上記の仕訳に基づき，本店の支店勘定と支店の本店勘定の記帳を示すと次のとおりである。このように本店勘定と支店勘定の残高は，適切に処理されている限り必ず一致する。

	支	店				本	店	
①諸 口	330,000	②買 掛 金	50,000	②当座預金	50,000	①諸 口	330,000
③現 金	20,000					③営 業 費	20,000

→¥300,000の借方残高 ⇔ ¥300,000の貸方残高←
（一致）

（2）支店相互間取引の会計処理

　複数の支店を設けている企業では，企業内部の取引として支店相互間の取引が生じることがある。これについては，**支店分散計算制度**と**本店集中計算制度**の2つの会計処理の方法がある。

　支店分散計算制度は，各支店に取引の相手方の支店名を付した勘定を設け，これにより相手支店に対する債権・債務を処理する方法である。本店集中計算制度は，すべての支店間取引はいったん本店を経由して行われたものとして処理する方法である。したがって，各支店には他支店名を付した勘定は設けられず，すべての内部取引による債権・債務は本支店間で生じたものとして処理することになる。支店を管理する観点からは，本店が支店相互間の取引を把握できる本店集中計算制度が優れているとされる。

例題16−2　次の取引について，支店分散計算制度を採用する場合と本店集中計算制度を採用する場合のそれぞれについて，本店および各支店で行われる仕訳を示しなさい。なお，本店集中計算制度においては，本店はすべての取引についての報告を受けているものとする。

① 北上支店は，石巻支店に現金¥50,000を送金し，石巻支店はこれを受取った。

② 石巻支店は，北上支店の買掛金¥200,000を小切手を振出して支払い，北上支店はこの連絡を受けた。

解答　支店分散計算制度

① 北上　(借) 石巻支店　50,000　　(貸) 現　　金　50,000
　　石巻　(借) 現　　金　50,000　　(貸) 北上支店　50,000
　　本店　　　　　　　仕訳なし
② 北上　(借) 買　掛　金　200,000　　(貸) 石巻支店　200,000
　　石巻　(借) 北上支店　200,000　　(貸) 当座預金　200,000
　　本店　　　　　　　仕訳なし

本店集中計算制度

① 北上　(借) 本　　店　50,000　　(貸) 現　　金　50,000
　　石巻　(借) 現　　金　50,000　　(貸) 本　　店　50,000
　　本店　(借) 石巻支店　50,000　　(貸) 北上支店　50,000
② 北上　(借) 買　掛　金　200,000　　(貸) 本　　店　200,000
　　石巻　(借) 本　　店　200,000　　(貸) 当座預金　200,000
　　本店　(借) 北上支店　200,000　　(貸) 石巻支店　200,000

解説　支店分散計算制度では，支店間の取引について本店では記帳が行われず，支店間で行われる内部取引を帳簿上把握することができない。一方，本店集中計算制度では，支店間取引はいったん本店を経由して行われたものとして処理され，本店に設けられた各支店勘定上で支店間取引がすべて把握されることになる。

（3）企業内部での商品の授受と内部利益の加算

　企業内部での商品の授受であっても，本店あるいは支店の業績管理を行うため，企業外部に対する商品販売と同様に，仕入価格に一定の利益を付加して取引を行うことがある。内部取引におけるこのような利益を**内部利益**という。内部利益を付加して商品の授受が行われる場合には，企業外部との商品売買取引と区別するために，本店には支店売上勘定や支店仕入勘定，支店には本店売上勘定や本店仕入勘定といった勘定を設けて会計処理を行う。

例題 16－3 次の取引について，本店および支店で行われる仕訳をそれぞれ示しなさい。
① 本店は仕入原価¥150,000 の商品に 10％の内部利益を付加して支店に発送し，支店はこれを受け取った。
② 支店は仕入原価¥100,000 の商品に 15％の内部利益を付加して本店に発送し，本店はこれを受取った。

解答 ① 本店 （借）支　　店　　165,000　（貸）支 店 売 上　165,000
　　　　　支店 （借）本 店 仕 入　165,000　（貸）本　　　店　165,000
　　　② 本店 （借）支 店 仕 入　115,000　（貸）支　　　店　115,000
　　　　　支店 （借）本　　店　　115,000　（貸）本 店 売 上　115,000

解説 ①の内部取引価格：¥150,000×(1＋0.1)＝¥165,000
　　　②の内部取引価格：¥100,000×(1＋0.15)＝¥115,000
　　　本支店間で商品の授受が行われている場合，本問のように本店仕入勘定と支店売上勘定，支店仕入勘定と本店売上勘定といった相互に対応する勘定が設けられるが，これらの勘定残高はすべての取引が適切に記帳されている限り必ず一致する。

3．本支店会計における決算手続

（1）未達取引の整理

　内部取引が行われている途中で決算日を迎えると，商品等が未着である，あるいは連絡や報告が未到達であるといった理由から，取引に関係する一部の本店あるいは支店において，当該取引に関する記帳が行われていないという事態が生じることがある。このような取引を**未達取引**という。未達取引があると，決算日時点の本店の支店勘定残高と支店の本店勘定残高が一致せず不都合が生じるため整理が行われる。未達取引の整理にともなう会計処理は，決算日において取引が完了したものとして記帳を行う方法と，記帳は行わず後述する本支店合併財務諸表の作成過程で簿外にて整理を行う方法がある。

> **例題16-4** 次の未達取引について，本店または支店で行われる仕訳を示し，支店勘定，本店勘定へ転記を行いなさい。なお，未達取引の整理前の支店勘定残高は¥870,000（借方），本店勘定残高は¥741,000（貸方）であった。また，当社では未達取引について決算日において取引が完了したものとして記帳を行っているものとする。
> ① 支店は本店へ現金¥20,000を送付したが本店に未達である。
> ② 本店は支店へ商品¥132,000を発送したが支店に未達である。
> ③ 支店は本店の売掛金¥70,000を回収したが本店に未達である。
> ④ 本店は支店の営業費¥47,000を支払ったが支店に未達である。

解答 ① 本店 （借）現　　　金　　20,000 　　（貸）支　　　店　　20,000
　　　　　　　　（未達現金）
　　　② 支店 （借）本店仕入　　132,000 　　（貸）本　　　店　 132,000
　　　③ 本店 （借）支　　　店　　70,000 　　（貸）売　掛　金　　70,000
　　　④ 支店 （借）営　業　費　　47,000 　　（貸）本　　　店　　47,000

支　店		本　店	
870,000	①現　金　20,000		741,000
③売掛金　70,000			②本店仕入　132,000
			④営業費　47,000

解説 未達取引の整理が行われると，期中の内部取引に関する仕訳が適切に行われている限り支店勘定残高（借方¥920,000）と本店勘定残高（貸方¥920,000）は一致する。

（2）内部利益の控除と戻入れ（未実現利益の消去）

　内部利益を付加した商品が授受されており，決算日において当該商品が企業外部に販売されず在庫となっている場合には，当該商品に付加された内部利益は実現していないため，**未実現利益**として控除する必要がある。また，内部利益を含む商品が翌期に販売されると，それにともなって内部利益も翌期の実現利益となる。このため，当期末に控除された内部利益は翌期に戻入れる必要が

ある。

以上について，次の図に示す取引で確認してみる。

図表 16 − 1　未実現利益の消去の必要性

```
商品仕入          【企業】
¥50,000   【本店】 支店売上    本店仕入
①         商品に   ¥55,000    ¥55,000   【支店】   商品売上
          10%の                          期末      ¥66,000
商品仕入   内部利益を                    商品棚卸高  (翌期) 売上
¥30,000   付加    支店売上    本店仕入  ¥33,000   ¥39,600
②                 ¥33,000    ¥33,000
```

①の取引では，企業全体のあるべき当期利益（¥66,000−50,000＝¥16,000）と本店および支店の帳簿上計上される当期利益の和（本店の内部利益：¥55,000−50,000＝¥5,000，支店の利益：¥66,000−55,000＝¥11,000，¥5,000＋11,000＝¥16,000）は一致しており，内部利益を消去する必要はない。しかし②の取引では，期末時点で商品が企業外部に販売されておらず，企業全体のあるべき当期利益は 0 であるにもかかわらず，本店の帳簿上当期利益（本店の内部利益：¥33,000−30,000＝¥3,000）が計上され，帳簿上の当期利益が内部利益の金額だけ過大となる。一方，翌期にこの商品が販売されると，企業全体のあるべき翌期の利益（¥39,600−30,000＝¥9,600）に対して，帳簿上は翌期の利益（支店の利益：¥39,600−33,000＝¥6,600）が支店側で計上されるのみであり，帳簿上の翌期利益が内部利益の金額だけ過小となる。したがって，当期の期末商品棚卸高に含まれる内部利益は未実現であるため控除が必要となる一方，翌期にはこれを戻入れる必要がある。

なお，内部利益の控除と戻入れに関する仕訳は，本店側で以下のように行われる。

＜期末商品棚卸高に含まれる内部利益の控除＞

　　（借）繰延内部利益控除　×××　　（貸）繰 延 内 部 利 益　×××

＜期首（前期末）商品棚卸高に含まれる内部利益の戻入＞

　　　（借）繰 延 内 部 利 益　×××　　　（貸）繰延内部利益戻入　×××

（3）本店および支店の決算

　決算に際し，本店と支店は財政状態および経営成績を明らかにするため，各々独自に決算手続を行い，それぞれの貸借対照表および損益計算書を作成する。その一方で，本店も支店も同じく単一の企業内の営業拠点であるに過ぎず，企業全体としての利益を把握する必要がある。このため，本店が企業全体の利益を集計できるよう，支店の利益を本店の損益勘定に振替える手続が行われる。また，前述の内部利益の控除と戻入れが行われている場合には，本店の損益勘定に**繰延内部利益控除**と**繰延内部利益戻入**を振替え，企業全体の利益から未実現利益を除去する。

・支店側：支店利益の本店への振替

　　　　　（借）損　　　　益　×××　（貸）本　　　店　×××

・本店側：支店利益の損益勘定への振替

　　　　　（借）支　　　店　×××　（貸）損　　　益　×××

　　繰延内部利益控除の損益勘定への振替仕訳

　　　　　（借）損　　　　益　×××　（貸）繰延内部利益控除　×××

　　繰延内部利益戻入の損益勘定への振替仕訳

　　　　　（借）繰延内部利益戻入　×××　（貸）損　　　益　×××

例題16-5　資料に基づいて，次の仕訳を示しなさい。

① 内部利益の控除と戻入れの仕訳
② 本店および支店で行われる支店利益の振替仕訳
③ 内部利益に関する損益勘定への振替仕訳

[資料]
・支店の商品棚卸高（すべて本店より仕入）
　　期首商品棚卸高　¥363,000　　期末商品棚卸高　¥330,000
　　なお，本店は商品の送付にあたり仕入原価の10％の内部利益を付加している。
・支店の当期純利益　¥32,400

解答
① （借）繰延内部利益控除　30,000　（貸）繰延内部利益　　30,000
　 （借）繰延内部利益　　　33,000　（貸）繰延内部利益戻入　33,000
② 支店（借）損　　益　　32,400　（貸）本　　店　　32,400
　 本店（借）支　　店　　32,400　（貸）損　　益　　32,400
③ （借）損　　益　　　　30,000　（貸）繰延内部利益控除　30,000
　 （借）繰延内部利益戻入　33,000　（貸）損　　益　　　　33,000

解説　期首商品棚卸高に含まれる内部利益：¥363,000÷(1+0.1)×0.1＝¥33,000
期末商品棚卸高に含まれる内部利益：¥330,000÷(1+0.1)×0.1＝¥30,000
なお，解答の仕訳を転記した本店の損益勘定を示すと以下のようになる。本店の損益勘定には本店利益，支店利益が集計されるとともに，未実現利益が除去され，適正な企業全体の利益が算定される。

損　益

本店の諸費用	×××	本店の諸収益	×××
③繰延内部利益控除	30,000	②支　　店	32,400
繰越利益剰余金	×××	③繰延内部利益戻入	33,000

4．本支店合併財務諸表の作成

(1) 本支店合併財務諸表の意義

　本支店それぞれの財務諸表が作成されたとしても，企業外部に公表する財務諸表は企業全体の財政状態および経営成績を表示するものでなければならない。このため，本支店合併貸借対照表および本支店合併損益計算書が作成される。本支店合併財務諸表は，未達取引の整理，本店勘定と支店勘定の相殺消去，内部取引の相殺消去を帳簿外で行った上で，本店および支店の財務諸表を合算して作成する。なお，未達取引の整理を帳簿上記帳する方法によっている場合には，ここで改めて処理する必要はない。

(2) 本店勘定と支店勘定の相殺消去

　期中の記帳が正しく行われている限り，未達取引の整理後の本店勘定と支店勘定の残高は一致する。本店勘定と支店勘定は，企業内部における債権・債務を表示するに過ぎず，企業外部に公表される本支店合併財務諸表においては不必要であるため，これを相殺し，除外する。

(3) 内部取引の相殺消去

　期中の記帳が正しく行われている限り，未達取引整理後の本店仕入勘定や支店売上勘定といった，相互に対応する内部取引高を表す勘定の残高は一致する。これらの勘定は，企業内部における取引高を表示するに過ぎず，企業外部に公表される本支店合併財務諸表においては不必要であるため，これを相殺し，除外する。

(4) 内部利益の控除と戻入れ

　内部利益の控除と戻入れは決算時に本店側の帳簿上で記帳処理されているが，外部公表用の本支店合併財務諸表を作成するにあたり，帳簿上の勘定科目から

第16章 本支店会計　◎── 167

一般に財務諸表の表示に用いられる勘定科目へと読み替えられることがある。

（借）繰延内部利益控除　×××　　（貸）繰 延 内 部 利 益　×××
　　　　期末商品棚卸高（P/L）から控除　　　　　　　　　繰越商品（B/S）から控除

（借）繰 延 内 部 利 益　×××　　（貸）繰延内部利益戻入　×××
　　　　　　　　　　　　　　　　　　　　　　期首商品棚卸高（P/L）から控除

例題 16－6　次の資料に基づいて，当社の第×期における本支店合併貸借対照表と本支店合併損益計算書を作成しなさい。

［資料 1］平成×年度の決算整理前残高試算表

残 高 試 算 表

借　　　方	本　店	支　店	貸　　　方	本　店	支　店
現　　　　　金	55,000	55,000	買　　掛　　金	488,000	―
当　座　預　金	282,000	250,000	貸倒引当金	11,000	2,000
売　　掛　　金	690,000	230,000	減価償却累計額	243,000	72,000
繰　越　商　品	650,000	363,000	繰延内部利益	33,000	―
支　　　　　店	870,000	―	本　　　　　店	―	741,000
備　　　　　品	450,000	200,000	資　　本　　金	1,500,000	―
仕　　　　　入	3,000,000	―	繰越利益剰余金	370,000	―
本　店　仕　入	―	1,023,000	売　　　　　上	2,800,000	1,406,000
その他営業費	603,000	100,000	支　店　売　上	1,155,000	―
	6,600,000	2,221,000		6,600,000	2,221,000

［資料 2］未達事項

・支店は本店へ現金￥20,000 を送付したが本店に未達である。
・本店は支店へ商品￥132,000 を発送したが支店に未達である。
・支店は本店の売掛金￥70,000 を回収したが本店に未達である。
・本店は支店のその他営業費￥47,000 を支払ったが支店に未達である。

[資料３] 決算整理事項等
- 期末商品棚卸高は本店¥645,000，支店¥198,000（未達分は含まない）であった。なお，支店はすべての商品を本店から仕入れており，本店では原価の10%の利益を付加して支店に発送している。
- 本支店ともに期末売掛金に対して2%の貸倒れを見積もる（差額補充法）。
- 本支店ともに，備品について定額法（耐用年数：5年，残存価額10%）により減価償却を行う。

解答

本支店合併貸借対照表
平成×年4月30日

資　産	金　額	負債・純資産	金　額
現　　　　　金	130,000	買　　掛　　金	488,000
当　座　預　金	532,000	貸　倒　引　当　金	17,000
売　　掛　　金	850,000	減価償却累計額	432,000
繰　越　商　品	945,000	資　　本　　金	1,500,000
備　　　　　品	650,000	繰越利益剰余金	670,000
	3,107,000		3,107,000

本支店合併損益計算書
平成×年4月1日から平成×年4月30日まで

費　用	金　額	収　益	金　額
期首商品棚卸高	980,000	売　　　　　上	4,206,000
仕　　　　　入	3,000,000	期末商品棚卸高	945,000
貸倒引当金繰入	4,000		
減価償却累計額	117,000		
その他営業費	750,000		
当　期　純　利　益	300,000		
	5,151,000		5,151,000

第16章 本支店会計

解説 本支店合併財務諸表の作成にあたっては、以下の仕訳を行い、本店・支店の各勘定と支店売上・本店仕入の各勘定を相殺したうえで残高試算表上の本店支店の各勘定を合計する。

・未達取引の整理

本店	（借）現　　　　金	20,000	（貸）支　　　　店	20,000
支店	（借）本 店 仕 入	132,000	（貸）本　　　　店	132,000
本店	（借）支　　　　店	70,000	（貸）売　掛　金	70,000
支店	（借）その他営業費	47,000	（貸）本　　　　店	47,000

→ 以上の未達取引の整理仕訳により、支店の本店仕入が¥132,000増加するが、これは同時に支店の期末商品棚卸高を増加させることになる。

・本店勘定と支店勘定の相殺消去

```
         支        店                          本       店
T/B 残高   870,000 │ 現   金    20,000              │ T/B 残高   741,000
売 掛 金    70,000 │                                │ 本店仕入   132,000
                   │                                │ 営 業 費    47,000
  └→ 支店勘定残高：借方¥920,000  ⇔  本店勘定残高：貸方¥920,000 ←┘
                            相殺消去
```

・内部取引の相殺消去

```
        本 店 仕 入                          支 店 売 上
T/B 残高 1,023,000 │                               │ T/B 残高 1,155,000
本   店   132,000 │                               │
  └→ 本店仕入勘定残高：借方¥1,155,000 ⇔ 支店売上勘定残高：貸方¥1,155,000 ←┘
                            相殺消去
```

・内部利益の消去と戻入れ

（借）繰延内部利益控除　30,000　（貸）繰延内部利益　　30,000
（借）繰延内部利益　　　33,000　（貸）繰延内部利益戻入　33,000

→ 以上の仕訳から、損益計算書上の期末商品棚卸高から¥30,000が控除され期首商品棚卸高から¥33,000が控除される。これにより売上原価が調整され未実現利益が消去される。また、貸借対照表の繰越商品（期末商品棚卸高）からも¥30,000が控除される。

・決算整理仕訳

　本店　（借）貸倒引当金繰入　　1,400　（貸）貸 倒 引 当 金　　1,400
　　　　（借）減 価 償 却 費　81,000　（貸）減価償却累計額　81,000
　支店　（借）貸倒引当金繰入　　2,600　（貸）貸 倒 引 当 金　　2,600
　　　　（借）減 価 償 却 費　36,000　（貸）減価償却累計額　36,000
→ 本店の貸倒引当金繰入額：（¥690,000−70,000）×0.02−11,000＝¥1,400
　 支店の貸倒引当金繰入額：¥230,000×0.02−2,000＝¥2,600
　 本店の備品減価償却費：¥450,000×（1−0.1）÷5年＝¥81,000
　 支店の備品減価償却費：¥200,000×（1−0.1）÷5年＝¥36,000

第 17 章

決　算　②

　本章では株式会社における決算を簡単に紹介する。基本的な決算の手順は決算①（第13章）にて記載されているが，株式会社の決算では主に以下の項目が異なる。

① 決算整理項目の増加
　　● 当座預金残高の修正（第3章）
　　● 棚卸減耗，商品の評価替え（第4章）
　　● 満期保有目的債券の評価替え（第6章）
　　● 社債の金利調整（第14章）
　　● 社債の未払利息の計上（第14章）
　　● 繰延資産の償却（第14章）
　　● 引当金の計上
　　● 無形固定資産の償却
② 銀行勘定残高調整表の作成（第3章）
③ 損益勘定の繰越利益剰余金勘定への振替え（第14章）
④ 報告式財務諸表の作成
⑤ 株主資本等変動計算書の作成

1．株式会社決算における精算表の作成

　株式会社決算における精算表の作成方法は，個人商店の決算手続に加えて①〜⑤の手続を経て行われる。

例題 17－1 以下の決算整理項目に基づき，GPH 株式会社の精算表（会計期間：平成×6 年 1 月 1 日～平成×6 年 12 月 31 日）を作成しなさい。

① 当座預金の帳簿残高と銀行の残高証明書の金額が一致していなかったため，不一致の原因を調べたところ，次の事実が判明した。
   A) 得意先 RO 社から売掛金￥10,000 について当座預金口座に振込みがあった。しかし，この通知が当社に未達であった。
   B) ADM 社に対する買掛金支払いのため小切手￥15,000 を振出していたが，ADM 社はこの小切手を銀行に呈示していなかった。

② 期末商品棚卸高は以下のとおりである。なお，売上原価は仕入の行で計算することとし，商品評価損および棚卸減耗損は精算表上，独立の勘定として表示する。

   帳簿棚卸高：数量 1,000 個　原価　@￥100
   実地棚卸高：数量　980 個　時価　@￥95

③ 有価証券を￥60,000 に評価替えする。

④ 満期保有目的債券は，平成×3 年 4 月 1 日に，SS 社の社債（額面総額￥100,000）を額面￥100 につき￥95 で購入したものである。この社債の利払日は 9 月末日と 3 月末日で，年利率 2 ％，償還日は購入日より 5 年後である。

⑤ 社債は，平成×4 年 4 月 1 日に以下の条件で発行したものである。

   額面総額：￥200,000　　払込金額：額面￥100 につき￥96
   償還期間：4 年　　　　利　率：年 4 ％
   利 払 日：9 月末日と 3 月末日

⑥ ⑤の社債発行の際に，社債発行費￥4,000 が支出され，繰延資産として計上されている。

⑦ 受取手形および売掛金の期末残高に対して，3 ％の貸倒れを見積もる（差額補充法）。

⑧ 修繕引当金の当期繰入額は￥3,000 である。

⑨ 建物の減価償却を以下のとおり行う。

   定額法：耐用年数 20 年　　残存価額：取得原価の 10 ％

⑩ のれんは平成×1年1月1日にDVN社を買収した際に生じた（発生額¥100,000）もので，10年間にわたって毎期均等額が償却されている。

解答　決算整理仕訳

①
A）（借）当　座　預　金　10,000　（貸）売　　掛　　金　10,000
B）　仕訳なし
② （借）仕　　　　　　入　120,000　（貸）繰　越　商　品　120,000
　　　　繰　越　商　品　100,000　　　　仕　　　　　　入　100,000
　　　　棚　卸　減　耗　損　2,000　　　　繰　越　商　品　2,000
　　　　商　品　評　価　損　4,900　　　　繰　越　商　品　4,900
③ （借）売買目的有価証券　12,000　（貸）有価証券評価益　12,000
④ （借）満期保有目的債券　1,000　（貸）有　価　証　券　利　息　1,000
　　　　未収有価証券利息　500　　　　有　価　証　券　利　息　500
⑤ （借）社　債　利　息　2,000　（貸）社　　　　　　債　2,000
　　　　社　債　利　息　2,000　　　　未　払　社　債　利　息　2,000
⑥ （借）社　債　発　行　費　償　却　1,000　（貸）社　債　発　行　費　1,000
⑦ （借）貸　倒　引　当　金　繰　入　5,000　（貸）貸　倒　引　当　金　5,000
⑧ （借）修　繕　引　当　金　繰　入　3,000　（貸）修　繕　引　当　金　3,000
⑨ （借）減　価　償　却　費　45,000　（貸）建物減価償却累計額　45,000
⑩ （借）の　れ　ん　償　却　10,000　（貸）の　　れ　　ん　10,000

精　算　表
平成×6年12月31日

勘定科目	試算表 借方	試算表 貸方	修正記入 借方	修正記入 貸方	損益計算書 借方	損益計算書 貸方	貸借対照表 借方	貸借対照表 貸方
現　　　　金	30,000						30,000	
当 座 預 金	50,000		① 10,000				60,000	
受 取 手 形	150,000						150,000	
売 掛 金	110,000			① 10,000			100,000	
売買目的有価証券	48,000		③ 12,000				60,000	
満期保有目的債券	97,750		④ 1,000				98,750	
繰 越 商 品	120,000		②100,000	②120,000			93,100	
				② 2,000				
				② 4,900				
建　　　　物	1,000,000						1,000,000	
社 債 発 行 費	2,250			⑥ 1,000			1,250	
の　れ　ん	50,000			⑩ 10,000			40,000	
買 掛 金		100,000						100,000
社　　　　債		195,500		⑤ 2,000				197,500
貸 倒 引 当 金		2,500		⑦ 5,000				7,500
修 繕 引 当 金		2,000		⑧ 3,000				5,000
建物減価償却累計額		450,000		⑨ 45,000				495,000
資 本 金		500,000						500,000
利 益 準 備 金		80,000						80,000
繰越利益剰余金		50,000						50,000
売　　　　上		1,500,000				1,500,000		
受 取 利 息		8,500				8,500		
有価証券利息		1,500		④ 1,000		3,000		
				④ 500				
仕　　　　入	1,000,000		②120,000	②100,000	1,020,000			
給　　　　料	200,000				200,000			
社 債 利 息	6,000		⑤ 2,000		10,000			
			⑤ 2,000					
支 払 保 険 料	15,000				15,000			
雑　　　　費	11,000				11,000			
	2,890,000	2,890,000						
棚 卸 減 耗 損			② 2,000		2,000			
商 品 評 価 損			② 4,900		4,900			
貸倒引当金繰入			⑦ 5,000		5,000			
修繕引当金繰入			⑧ 3,000		3,000			
減 価 償 却 費			⑨ 45,000		45,000			
社債発行費償却			⑥ 1,000		1,000			
の れ ん 償 却			⑩ 10,000		10,000			
有価証券評価益				③ 12,000		12,000		
未収有価証券利息			④ 500				500	
未払社債利息				⑤ 2,000				2,000
当 期 純 利 益					196,600			196,600
			318,400	318,400	1,523,500	1,523,500	1,633,600	1,633,600

第 17 章 決　算 ②

解説　① 　A）銀行からの連絡未通知にあたる。当社において未処理のため，修正仕訳を行い，銀行との残高を一致させる。

　　　　B）未取付小切手の場合，取引先が小切手を持込みさえすれば，不一致は解消される（当社は正しい処理をしている）ため，修正仕訳は不要である。

② 棚卸減耗および商品評価損は，精算表上，独立の科目として扱われているので，仕入勘定への振替えは行わない。

　期末商品棚卸高：＠¥100（原価）×1,000 個（帳簿数量）＝¥100,000

　棚 卸 減 耗 費：＠¥100（原価）×(1,000 個－980 個)＝¥2,000
　　　　　　　　　　　　　　　　　帳簿数量　実地数量

　商 品 評 価 損：(＠¥100－＠¥95)×980 個（実地数量）＝¥4,900
　　　　　　　　　　　原価　　時価

③ 帳簿価額＜時価なので有価証券評価益を出す。

④ 額面総額¥100,000 と発行額¥95,000 の差額を，金利調整差額として定額法で，満期保有目的債券の帳簿価額に加算する。また，次期の 3 月末に受取る予定の利息のうち，3 ヵ月分（10 月～12 月分）は当期分であるため，見越し計上する。

　金 利 調 整 差 額：(¥100,000－¥95,000)÷5 年＝¥1,000

　未収有価証券利息：¥100,000×2 ％×3 ヵ月／12 ヵ月＝¥500

⑤ 額面総額¥200,000 と発行額¥192,000 の差額を，金利調整差額として定額法で，社債の帳簿価額に加算する。また，次期の 3 月末に支払う予定の利息のうち 3 ヵ月分（10 月～12 月分）は当期分であるため，見越し計上する。

　金利調整差額：(¥200,000－¥192,000)÷4 年＝¥2,000

　未払社債利息：¥200,000×4 ％×3 ヵ月／12 ヵ月＝¥2,000

⑥ 繰延資産として計上された社債発行費は，社債発行期間にわたり，定額法で償却される。

⑦ 差額補充法による貸倒引当金の設定のため，設定額¥7,500 から残高¥2,500 を控除した金額（¥5,000）を繰入れる。

⑧ 修繕引当金を設定するときは，修繕引当金繰入（費用）を計上するとともに，修繕引当金（負債）で処理する。

⑨ 本問では建物減価償却累計額勘定が存在するため，間接法にて処理する。

　減価償却費：(¥1,000,000－¥100,000)÷20 年＝¥45,000
　　　　　　　　取得原価　　残存価額

⑩ のれんの償却は償却期間にわたって定額法によって処理する。

2．株主資本等変動計算書

　株主資本等変動計算書は，貸借対照表純資産の部の各項目における期末残高に関して，期中にどのような変動をして期末残高になったのかを報告する計算書である。株主資本等変動計算書は，貸借対照表純資産の部における一定期間の変動のうち，主として株主に帰属する株主資本項目の事由を報告するために作成される。株主資本等変動計算書の分は，貸借対照表純資産の部の表示にしたがって区分表示される。

索　引

ア

預り金勘定 …………………………53
洗替法 ………………………………61
委託買付 ……………………………145
　―――勘定 ………………………146
委託販売 ……………………………140
　―――勘定 ………………………142
１勘定法 ……………………………27
一伝票制 ……………………………99
一部振替取引 ………………………101
移動平均法 …………………………41
印紙税 ………………………………97
インプレスト・システム …………30
受取手形記入帳 ……………………71
受取配当金勘定 ……………………58
売上勘定 ……………………………32
売上計算書 …………………………140
売上原価 ……………………………35
売上帳 ………………………………37
売上伝票 ……………………………103
売掛金 ………………………………45
英米式決算法 ………………………17

カ

買掛金 ………………………………45
開業費 ………………………………127
会計期間 ……………………………3
回収基準 ……………………………149
買付計算書 …………………………145
貸方 …………………………………6
貸倒損失勘定 ………………………47
貸倒引当金 …………………………47
貸付金勘定 …………………………51

割賦売上勘定 ………………………149
割賦売掛金（割賦販売契約）勘定 …149
株式交付費 …………………………127
株式払込剰余金 ……………………125
貨幣測定 ……………………………3
貨物代表証券 ………………………135
貨物引換証 …………………………135
借入金勘定 …………………………52
借方 …………………………………6
為替手形 ……………………………64
勘定 …………………………………6
間接法 ………………………………79
企業単位 ……………………………2
期中 …………………………………10
　―――手続 ………………………10
期末 …………………………………10
切放法 ………………………………61
銀行勘定調整表 ……………………27
金融手形 ……………………………73
偶発債務 ……………………………57
繰越試算表 ……………………19, 121
繰越商品勘定 ………………………34
繰越利益剰余金勘定 ………………129
繰延内部利益控除 …………………164
繰延内部利益戻入 …………………164
決算 …………………………………108
　―――整理 ………………………109
　―――手続 ………………………10
　―――日 …………………………10
　―――振替仕訳 …………………17
　―――予備手続 …………………109
減価償却 ……………………………78
　―――費 …………………………78
　―――累計額 ……………………79

現金 …………………………………22
　―――過不足 …………………………23
　―――出納帳 …………………………23
合計残高試算表 ……………………………15
合計試算表 …………………………………15
合計転記 …………………………………106
小口現金 ……………………………………30
　―――出納帳 …………………………31
固定資産 ……………………………………76
　―――税 ………………………………97
　―――売却益 …………………………81
　―――売却損 …………………………81
五伝票制 ……………………………………99
個別転記 …………………………………106

サ

先入先出法 …………………………………40
残高試算表 …………………………………15
三伝票制 ……………………………………99
仕入勘定 ……………………………………32
仕入帳 ………………………………………36
仕入伝票 ………………………………… 103
事業税 ………………………………………97
自己検証能力 …………………………………2
資産 …………………………………………4
試算表 ……………………………… 15, 109
実地棚卸 ……………………………………42
支店勘定 ………………………………… 158
支店独立会計制度 ……………………… 157
支店分散計算制度 ……………………… 159
支払手形記入帳 …………………………73
資本金勘定 …………………………………83
資本準備金 …………………………… 128
資本的支出 …………………………………77
資本の引出し ………………………………83
社債 ……………………………………… 131
　―――発行差金 …………………… 132
　―――発行費 ……………………… 132
　―――利息勘定 …………………… 133

収益項目 ……………………………………5
収益的支出 …………………………………77
収益の繰延べ ………………………………90
収益の見越し ………………………………93
住民税 ………………………………………96
受託買付勘定 …………………………… 147
受託販売勘定 …………………………… 142
出金伝票 ………………………… 100, 101
取得原価 ……………………………………77
主要簿 ………………………………………15
純資産 ………………………………………4
試用仮売上勘定 ………………………… 152
償却原価法 …………………………………61
試用販売売掛金勘定 …………………… 152
商品有高帳 …………………………………39
試用品勘定 ……………………………… 152
商品券勘定 …………………………………55
諸口 …………………………………………13
所得税 ………………………………………95
仕訳 ……………………………………… 11
　―――帳 ……………………………… 13
　―――伝票 …………………………… 99
新株式申込証拠金勘定 ………………… 126
生産高比例法 ………………………………79
積送品勘定 ……………………………… 140
全部振替取引 …………………………… 101
総勘定元帳 …………………………………14
創立費 …………………………………… 126
租税公課勘定 ………………………………97
損益計算書 ………………………… 5, 122

タ

貸借対照表 ………………………… 5, 122
対照勘定法 ……………………………… 150
大陸式決算法 ………………………………17
立替金勘定 …………………………………53
他店商品勘定 ………………………………55
棚卸表 ……………………………… 10, 109
単式簿記 ……………………………………2

索　引　◎── 179

帳簿棚卸 …………………………42	付随費用 …………………………77
直接法 ……………………………79	船荷証券 …………………………135
追加元入れ ………………………83	振替伝票…………………… 100, 101
通貨代用証券 ……………………22	簿記上の取引………………………1
定額資金前渡制度 ………………30	補助記入帳 ………………………15
定額法 ……………………………79	補助簿 ……………………………15
定率法 ……………………………79	補助元帳 …………………………15
手形 ………………………………63	本支店合併財務諸表 ……………166
────貸付金勘定 ……………73	本支店合併損益計算書 …………166
────借入金勘定 ……………73	本支店合併貸借対照表 …………166
────の裏書譲渡 ……………68	本店勘定 …………………………157
────の更改 …………………74	本店集中会計制度 ………………157
────の割引 …………………70	本店集中計算制度 ………………159
伝票会計制度 ……………………99	
当座借越 …………………………26	**マ**
当座預金 …………………………25	前受金 ……………………………49
────出納帳 …………………25	────勘定 ……………………142
投資その他の資産 ………………76	前払金 ……………………………49
	満期保有目的有価証券 …………58
ナ	未実現利益 ………………………162
内部利益 …………………………160	────控除法 …………………150
荷為替 ……………………………137	未達取引 …………………………161
2勘定法 …………………………27	未着品 ……………………………135
入金伝票 …………………… 100, 101	無形固定資産 ……………………76
	元帳 ………………………………14
ハ	
売買目的有価証券 ………………58	**ヤ**
パーチェス法 ……………………131	約束手形 …………………………64
販売基準 …………………………149	有価証券評価益勘定 ……………60
引出金勘定 ………………………86	有価証券評価損勘定 ……………60
費用項目……………………………5	有価証券利息勘定 ………………58
費用・収益の繰延べ ……………87	有形固定資産 ……………………76
費用・収益の見越し ……………87	予約販売前受金 …………………155
費用の繰延べ ……………………88	
費用の見越し ……………………92	**ラ**
複式簿記……………………………2	利益準備金 ………………………128
負債…………………………………4	

《編著者紹介》

村田直樹（むらた・なおき）担当：第1章，第14章
　日本大学経済学部教授。

沼　惠一（ぬま・けいいち）担当：第4章，第5章
　日本大学経済学部非常勤講師・税理士。

竹中　徹（たけなか・とおる）担当：第2章，第16章
　淑徳大学経営学部准教授。

麻場勇佑（あさば・ゆうすけ）担当：第13章，第17章
　駿河台大学経済経営学部准教授。

《著者紹介》（執筆順）

中川仁美（なかがわ・ひとみ）担当：第3章，第8章
　作新学院大学経営学部准教授。

相川奈美（あいかわ・なみ）担当：第6章，第15章
　名城大学経営学部准教授。

菅森　聡（すがもり・さとし）担当：第7章，第10章
　沖縄国際大学産業情報学部専任講師。

野口翔平（のぐち・しょうへい）担当：第9章，第11章，第12章
　日本大学経済学部助教。

(検印省略)

2015年5月20日　初版発行
2019年3月20日　二刷発行

略称−簿記の基礎

簿記の基礎テキスト

編著者　村田直樹・沼　惠一
　　　　竹中　徹・麻場勇佑
発行者　塚田尚寛

発行所　東京都文京区　株式会社　創 成 社
　　　　春日2-13-1

電　話　03 (3868) 3867　　FAX　03 (5802) 6802
出版部　03 (3868) 3857　　FAX　03 (5802) 6801
http://www.books-sosei.com　振替　00150-9-191261

定価はカバーに表示してあります。

©2015 Naoki Murata　　組版：緑　舎　印刷：S・Dプリント
ISBN978-4-7944-1491-5 C3034　製本：宮製本所
Printed in Japan　　　　　　落丁・乱丁本はお取り替えいたします。

簿記・会計選書

簿記の基礎テキスト	村田 直樹／沼惠一／竹中徹佑／麻場勇	編著	1,800円
簿記の基礎問題集	村田 直樹	編著	1,700円
工業簿記の基礎問題集	相川 奈美	編著	1,500円
複式簿記の理論と計算	村田 直樹／竹中徹彦／森口 毅	編著	3,600円
複式簿記の理論と計算 問題集	村田 直樹／竹中徹彦／森口 毅	編著	2,200円
会計原理 ―会計情報の作成と読み方―	斎藤 孝一	著	2,000円
IFRS教育の実践研究	柴 健次	編著	2,900円
IFRS教育の基礎研究	柴 健次	編著	3,500円
簿記のススメ ―人生を豊かにする知識―	上野 清貴	監修	1,600円
非営利組織会計テキスト	宮本 幸平	著	2,000円
監査人監査論 ―会計士・監査役監査と監査責任論を中心として―	守屋 俊晴	著	3,600円
社会的責任の経営・会計論 ―CSRの矛盾構造とソシオマネジメントの可能性―	足立 浩	著	3,000円
社会化の会計 ―すべての働く人のために―	熊谷 重勝／内野 一樹	編著	1,900円
原価計算の基礎	阪口 要	編著	2,400円
活動を基準とした管理会計技法の展開と経営戦略論	広原 雄二	著	2,500円
ライフサイクル・コスティング ―イギリスにおける展開―	中島 洋行	著	2,400円
アメリカ品質原価計算研究の視座	浦田 隆広	著	2,200円
会計の基礎ハンドブック	柳田 仁	編著	2,600円
監査報告書の読み方	蟹江 章	著	1,800円

(本体価格)

創成社